DIEDERICHS GELBE REIHE
herausgegeben von Michael Günther

W0056664

ALFRED DOUGLAS

Ursprung und Praxis des Tarot

Aus dem Englischen von
Günter Hager

Eugen Diederichs Verlag

Die Originalausgabe erschien unter dem Titel
The Tarot – The Origin, Meaning and Uses of the Cards
bei David Higham Associates Ltd., London

Die Deutsche Bibliothek – CIP-Einheitsaufnahme
Douglas, Alfred:
Ursprung und Praxis des Tarot / Alfred Douglas.
Aus dem Engl. übers. von Günter Hager. –
3. Aufl. – München : Diederichs, 1993.
   (Diederichs Gelbe Reihe ; 62 : Alte Welt)
   Einheitssacht.: The tarot ⟨dt.⟩
ISBN 3–424–00872–9
NE: GT

3. Auflage 1993
© Alfred Douglas, 1972
© der deutschsprachigen Ausgabe Eugen Diederichs Verlag,
München 1986
Alle Rechte vorbehalten

Umschlaggestaltung: Zembsch' Werkstatt, München
Produktion: Tillmann Roeder, München
Satz: Fotosatz Froitzheim, Bonn
Druck und Bindung: Friedrich Pustet, Regensburg
Printed in Germany

ISBN 3–424–00872–9

Inhalt

Vorwort zur deutschen Ausgabe

Tarot ist wohl das ursprünglichste, traditionsreichste europäische Kartenspiel und zugleich eines der geheimnisvollsten. Nicht nur der Herkunft nach, sondern auch in den bildsymbolischen Zusammenhängen und in der Variierung der Sinnbezüge. Daß es von vielen Menschen heutzutage wieder entdeckt wird, hängt gewiß mit dem *visuellen* Zeitalter und auch mit der Sinnsuche des einzelnen zusammen.

Tarot unterscheidet sich von populären Kartenspielen wie Bridge (seit 1880), Rommé (seit 1900) und Skat (um 1810 aus dem »Schafkopf« entwickelt) durch sein beträchtlich höheres Alter, durch Kartenumfang und -vielfalt.

Das Tarot-Deck besteht aus insgesamt 78 Karten. Eigentlich ist es aus zwei Spielen zusammengesetzt: einem 56-Karten-Spiel, genannt die *kleinen Arkana* oder kleinen Karten, und einem 22-Karten-Spiel, das die *großen Arkana*, Atouts oder Tarottrümpfe umfaßt. Ob beide Gruppen schon bei Entstehung des Spiels einen zusammenhängenden Kartensatz bildeten, läßt sich aus den uns bekannt gewordenen Quellen nicht erschließen.

Heute werden Tarotkarten weniger für allgemeine Spielzwecke als für divinatorische oder Wahrsagezwecke verwendet: Es gilt, die aufgedeckten *arcana* (lat. »Geheimnisse«) einzeln und in ihrer Gruppierung auszudeuten, sich zu er-schließen.

Während die meisten Kartenspiele nach vier Farben geordnet sind, gliedern sich die 56 Karten der *kleinen Arkana* in vier Serien: Kelche, Münzen, Schwerter und Stäbe.

Folgende Tabellen geben einen Überblick über die Gliederung der Karten und ihre verschiedenen Bezeichnungen:

Serien des Tarot (die kleinen Arkana)			Farben des gewöhnlichen Kartenspiels	
deutsch	engl.	ital.	dt. Farben	frz. Farben
Stäbe	Wands	Bastoni	Eichel	Kreuz
Münzen	Coins	Denari	Schellen	Karo/Carreaux
Schwerter	Swords	Spades	Laub	Pik/Pique
Kelche	Cups	Coppes	Herzen	Herz

Jede Serie besteht aus zehn Zahlkarten von As (1) bis 10 und zusätzlich vier Hofkarten. Auch diese im Überblick:

Hofkarten des Tarot			Bildkarten des herkömmlichen Kartenspiels	
deutsch	engl.	ital.	dt. Farben	frz. Farben
König	King	Re	König	König
Königin	Queen	Dama		Dame
Ritter	Knight	Cavallo	Ober	
Page (Bube)	Page	Fante	Unter	Bube

Die großen Arkana tragen neben einer bildhaften symbolisch allegorischen Darstellung einen beschreibenden Titel und römische Zahlzeichen von I bis XXI. Der Narr bildet eine Ausnahme, da er entweder eine 0 trägt oder unnumeriert ist.

Der Narr ist wahrscheinlich auch die einzige Karte der Trumpfkarten, die als Joker Eingang in das gewöhnliche Kartenspiel gefunden hat.

Im folgenden sind die gebräuchlichsten Titel für die großen Arkana in der klassischen Reihenfolge aufgeführt:

0	der Narr	The Fool	Le Fou/Le Mat
I	der Magier	The Magician	Le Bateleur
II	die Hohe-priesterin	The High Priestess	La Papesse
		The Female Pope	Junon
III	die Herrscherin die Kaiserin	The Empress	L' Impératrice
IV	der Herrscher der Kaiser	The Emperor	L' Empereur
V	der Hiero-phant	The Hiero-phant	Le Pape
	der Hohe-priester	The Pope	Jupiter
VI	die Liebenden	The Lovers	Les Amoureux
VII	der Wagen	The Chariot	Le Chariot
VIII	die Gerechtig-keit	Justice	La Justice
IX	der Eremit	The Hermit	L' Ermite
X	das Rad des Schicksals – das Glücksrad	The Wheel of Fortune	Roue de Fortune
XI	die Kraft	Strength/Force	La Force
XII	der Gehängte	The Hanged Man	Le Pendu
XIII	der Tod	Death	La Mort

XIV	die Mäßigkeit	Temperance	Temperance
XV	der Teufel	The Devil	Le Diable
XVI	der Turm/der vom Blitz getroffene Turm	The Tower	La Maison de Dieu
XVII	der Stern	The Star	L' Etoile
XVIII	der Mond	The Moon	La Lune
XIX	die Sonne	The Sun	Le Soleil
XX	das Gericht	The Judgement	Le Jugement
XXI	die Welt	The World	Le Monde

Vor 1750 sind anscheinend alle *großen Arkana* in Italienisch betitelt worden – il Matto, der Narr; il Bagattel, der Magier; la Papessa, die Hohepriesterin, und so fort. Die meisten späteren Titel sind französisch benannt. So stammt auch der Begriff *Tarot* von französischen Spielen ab; in Italien hießen die Karten *Tarocchi*.

Obwohl der Tarot bereits im späten 14. Jahrhundert in Italien, in Frankreich und auch in Deutschland eingeführt worden ist, so bleiben doch Zeit, Ort und Umstände der Entstehung des Tarot im Dunkeln.

Für die englische Originalausgabe des vorliegenden Buches, seit zwölf Jahren ein »Penguin-Klassiker«, hatte David Sheridan die Karten gezeichnet. Bei der Vorbereitung der deutschen Ausgabe haben sich Verlag und Übersetzer für das weitaus bekanntere Rider-Waite-Tarot entschieden; der Abdruck geschieht mit freundlicher Genehmigung der Firma AGM AG Müller, Neuhausen (Schweiz). Von dort kann das Karten-Deck bezogen werden.

Die Umstellung auf Rider-Waite bringt es mit sich, daß einzelne bildliche Darstellungen, besonders auf den *großen Arkana*, X »Das Rad des Schicksals«, XIII »Der

Tod« und XIX »Die Sonne«, in ihrer symbolischen Aus-
prägung teilweise von den traditionellen Darstellungen
abweichen. Doch bleibt die Bedeutung der Karten im
wesentlichen davon unberührt; zudem können die Ab-
weichungen durch Vergleich der Kartenbilder mit der
Abbildung auf den Seiten 18 und 19 nachvollzogen
werden.

Günter Hager und Ulf Diederichs

1. Der Ursprung der Tarotkarten

Man nimmt an, daß die ersten Spielkarten aus China und Korea stammen. Dort sind Karten gefunden worden, die sich mindestens bis ins 11. Jahrhundert zurückdatieren lassen. Die Idee zu diesen Karten scheint auf dem Papiergeld zu beruhen, das während der T'ang-Dynastie (618–908) entwickelt wurde. Leider muß man die Erklärung des chinesischen Wörterbuches *Ching-tze-tung* (1678) zurückweisen, wonach Spielkarten im Jahre 1120 zur Unterhaltung der kaiserlichen Konkubinen erfunden worden seien.

Es ist durchaus möglich, daß die ersten Kartenspiele aus Südchina den Herstellern europäischer Karten zur Anregung dienten. Die Karten könnten von heimkehrenden Kaufleuten aus dem Osten mitgebracht worden sein. Aber es gibt keinen Hinweis, der diese Theorie unterstützt – obwohl die Idee des Papiergeldes zu jener Zeit von China in den Westen gebracht wurde.

Westliche Spielkarten ähneln ihren östlichen Gegenstükken weder in der Form noch in der Ausführung.

Einer anderen Theorie zufolge soll der Ursprung der Tarotkarten in Indien liegen. Die vierarmige Hindu-Gottheit Ardhanari, eine androgyne Gestalt, welche die rechte Hälfte des Gottes Shiva mit der linken Hälfte seiner Gemahlin Devi verbindet, wird gelegentlich einen Kelch, ein Zepter, ein Schwert und einen Ring haltend dargestellt. Auch der Affengott Hanuman ist manchmal mit Symbolen abgebildet, die eine auffallende Ähnlichkeit mit den vier Serienzeichen des Tarot (Kelche, Stäbe, Schwerter und Münzen) haben. Leider gibt es keine Hinweise, die auf das Alter dieser Symbole und ihrer Verwendung auf indischen Spielkarten schließen lassen, welche im allgemeinen rund sind und wenig Ähnlichkeit mit europäischen Spielkarten haben.

Westliche Spielkarten gelangten erst im 16. Jahrhundert durch Reisende aus Europa nach Indien.

Nicht ganz ernst zu nehmen, ist wohl die Legende von der Frau eines Maharadschas, welche die Spielkarten erfunden haben soll, um ihren Mann von der entnervenden Angewohnheit des Bartzupfens abzulenken.

Dem italienischen Autor Covelluzo zufolge sollen die Karten 1379 von Nordafrika nach Italien eingeführt worden sein.[1]

Auch die Araber könnten die Spielkarten nach Europa gebracht haben. Nachdem sie sich über Afrika und Asien verbreitet hatten, versuchten die Araber erstmalig im 7. Jahrhundert, das Mittelmeer zu überqueren. Sie gelangten um 710 nach Spanien, drangen 731 in Frankreich bis nach Arles vor, hatten Sizilien bis 832 erobert und betraten das italienische Festland um 842. Später wurden sie als Söldner von Päpsten angeworben und italienischen Prinzen lehenspflichtig.

1379 bildeten sie einen Teil der bezahlten Armeen der rivalisierenden Päpste Urban VI. und Clemens VII. Nach Covelluzo nannten die Sarazenen das Kartenspiel *Naib*. Es ist bemerkenswert, daß die Karten in Spanien *Naipes* heißen und die Araber Südspanien bis 1492 noch besetzt hielten.

Naipes könnte auch von dem flämischen Wort *Knaep*, Papier, hergeleitet sein, denn damals herrschte ein lebhafter Seehandel zwischen Spanien und Flandern. Ein anderes Argument, das gegen Covelluzos Theorie spricht, ist die Tatsache, daß Spielkarten in den »Arabischen Nächten« nicht erwähnt werden, was sicherlich der Fall gewesen wäre, wenn Spielkarten bei den Arabern allgemein gebräuchlich gewesen wären. Auch bezeugen Urkunden, daß bis 1379 Karten in Frankreich, der Schweiz und nördlich bis Belgien bekannt waren.

Ein auch heute noch weitverbreiteter Glaube besagt, daß die Karten von wahrsagenden Zigeunern nach Europa gebracht wurden, die entweder aus Ägypten oder Indien kamen. Aber die Zigeuner traten im Westen erst in der Mitte des 15. Jahrhunderts häufiger auf – über hundert Jahre später, nachdem die Karten bereits in jedem Land von Italien bis Belgien bekannt waren. Die Zigeuner übernahmen sie und taten viel für ihre weitere Verbreitung; sie haben aber die Spielkarten nicht erfunden.

Im 19. Jahrhundert brachten der Zigeunerkundige Vaillant sowie die okkulten Schriftsteller Eliphas Lévi und Gerard Encausse (»Papus«) die Spielkarten mit den Zigeunern in Verbindung.

Die Erfindung der Tarotkarten soll auch mit dem Orden der Tempelritter zusammenhängen, einem asketisch militärischen Orden, der 1188 von Hugh de Payens und acht anderen Rittern gegründet wurde, um die Pilger zu schützen und die Wege zum Heiligen Land zu bewachen. Die Templer erlangten päpstliche Billigung und wurden mit Privilegien wie Steuerfreiheit und Immunität in der weltlichen Rechtsprechung belohnt. Im Laufe der Jahre gelangten sie zu Wohlstand und einer einflußreichen Position, was jedoch auch zu Feindseligkeiten führte. Zu Beginn des 14. Jahrhunderts klagte Philipp IV. von Frankreich den Orden schließlich wegen Häresie an.

1309 wurden die Templer in Frankreich verhaftet und ihr Besitz eingezogen. Viele wurden von der Inquisition bis zum Eingeständnis häretischer Glaubenssätze gefoltert. Die Verfolgung breitete sich schnell in andere Länder aus, wo die Templer Besitz hatten. Der Orden wurde 1314 ausgerottet, als sein Großmeister Jaques de Molay auf dem Scheiterhaufen verbrannt wurde, während er noch seine Unschuld beteuerte.

Die gegen die Templer vorgebrachten Anklagen waren widersprüchlich und nicht nachweisbar. Die Jahre im Osten mögen sie für gnostische Einflüsse geöffnet haben, Parallelen zwischen ihrem Glauben und den Tarotkarten lassen sich jedoch nicht belegen.

Obwohl die Idee der Spielkarten möglicherweise durch andere Einflüsse in den Westen gebracht wurde, deutet vieles darauf hin, daß die uns bekannten Karten innerhalb Europas entstanden sind. Die Frage ist wo?

Viele Kommentatoren haben versucht, einen verborgenen Schlüssel in der Bedeutung des Wortes Tarot zu finden. Einige behaupten, daß es von dem alten ägyptischen Wort *Ta-rosh* abgeleitet ist, was »der königliche Weg« bedeutet. Andere meinen, daß es ein Anagram des lateinischen Wortes *rota* ist, das »Rad« bedeutet, und die Karten den Kreislauf von Leben und Tod symbolisieren.

Um die Verbindung der Karten mit dem mystischen System der Kabbala hervorzuheben, haben andere das Wort Tarot von *Torah*, dem hebräischen Wort für das Gesetz, abgeleitet; dabei wurde jedoch nicht beachtet, daß die Kabbala in Spanien entstanden ist, einem Land, das die großen Arkana nicht kannte.

Wiederum andere haben darin die Verzerrung des Namens *Thot* gesehen, eines alten ägyptischen Gottes der Magie, und damit bestärken sie die Legende, daß die

Karten in Einweihungstempeln des geheimnisvollen Ostens entstanden sind.

Der Name Tarot wurde den Karten in Frankreich gegeben. In Italien werden sie »Tarocco« (pl. Tarocchi) genannt, in anderen Ländern Taro, Taroc, Tarok oder Tarock. Es ist nicht bekannt, welche von diesen Bezeichnungen die ursprüngliche Form ist.

Die zweiundzwanzig großen Arkana eines typischen Tarots aus dem 18. Jahrh.. Trotz etlicher Fehler bei der Buchstabierung und Interpunk-

Wenn die vier Serienzeichen von den chinesischen Karten abgeleitet sind, dann könnten die Hofkarten von den Schachfiguren stammen, die zur Zeit des ersten Kreuzzuges (1095–1099) Europa über Indien und das Heilige Land erreichten.

Die 22 allegorischen Trumpfkarten müssen nicht unbedingt Teil des ursprünglichen Spiels gewesen sein. Das

tion der Titel sind die meisten Details der ursprünglichen Darstellungen getreu wiedergegeben worden.

19

erste unbestrittene Zeugnis über Spielkarten liegt in einer detaillierten Beschreibung von Karten und Kartenspielen vor, die von einem deutschen Mönch in einer Schweizer Abtei verfaßt wurde, allerdings ohne die zweiundzwanzig Trumpfkarten zu erwähnen.[2]

Darin beschreibt er ein 52-Karten-Spiel mit vier Serien und jeweils drei Hofkarten, König, Königin und Marschall. Die Serienzeichen sind leider nicht beschrieben, und deshalb kann man nichts über den Ursprung der Karten sagen.

Gleichwohl gab es die 22 Trümpfe bereits 1415, und zwar als ein schönes handgemaltes Tarot, das für den jungen Herzog von Mailand, Filipo Maria Visconti, geschaffen wurde.

Karten sind in den Arbeiten von Boccaccio (1313–75) oder Petrarch (1304–74) nicht erwähnt, aber die Mehrzahl der berühmten Spiele wurde für die Mitglieder der einflußreichen Familien in Norditalien handgemalt, beispielsweise für die Visconti, Este und Sforza. Ebenso steht fest, daß bis etwa 1750 alle Tarotspiele italienische Serienzeichen hatten. Nach dieser Zeit trugen die außerhalb Italiens hergestellten Karten meist französische Serienzeichen und unterschiedliche Ausführungen der Trümpfe.

Man nimmt auch an, daß die ältesten erhaltenen Karten aus Frankreich stammen. Siebzehn Karten, davon 16 Trümpfe des Tarot, befinden sich in der Bibliothèque Nationale in Paris.

Lange Zeit wurde vermutet, daß diese schönen handgemalten Karten Teil des Spieles waren, das für Charles VI. von Frankreich 1392 hergestellt und im Buch des Schatzmeisters für den Februar jenes Jahres verzeichnet wurde. Aber es gibt keine Verbindung zwischen diesem Eintrag

Sechs Karten der großen Arkana von Gumppenberg aus Mailand von
1820. Die Darstellungen wurden von C. Della Rocca ausgeführt und
verdeutlichen, wie die ursprünglichen Darstellungen allmählich verändert wurden. Beispielsweise fehlen beim Teufel die zwei Verehrer und
seine Hörner; der Krebs, der auf der Karte Der Mond aus dem Teich
kriecht, ist zu einem Hummer auf einem Tablett geworden; die zwei
nackten Kinder von der Karte Die Sonne sind jetzt zwei elegant
gekleidete Erwachsene, die in einem Garten tanzen. (British Museum:
Schreiber Collection)

21

,und den siebzehn Karten in der Bibliothèque Nationale, denn der künstlerische Stil und die Details der Kleidung auf den Karten weisen sie einer Zeit nach 1392 zu. Wenn die Tarotkarten tatsächlich irgendwo in Norditalien erdacht worden sind, kann man vermuten, daß ihre Hersteller vielleicht durch orientalische Karten inspiriert wurden, die Kaufleute über den großen Handelshafen Venedig aus dem Osten mitbrachten. Das ursprünglich 78 Karten umfassende Tarot heißt in Italien allgemein das Venezianische oder Piemontesische Tarot, um es von späteren Varianten, und zwar dem 97 Karten umfassenden Florentiner Minchiate und dem 62 Karten umfassenden Bologneser Spiel zu unterscheiden.

Es ist sogar möglich, daß die Karten nach dem Ort ihrer Herkunft benannt worden sind. Beispielsweise hat der Po in der norditalienischen Ebene einen Nebenfluß, der Taro heißt.

Die meisten historischen Zeugnisse beziehen sich auf das erste Auftauchen von Spielkarten in Europa und sind in Form von Verboten aufgezeichnet. Die Hinweise aus Stadtbüchern erlauben nur die Feststellung, wann die Karten so weit verbreitet waren, daß sie einer Notiz oder eines Verbotes wert waren, aber nicht, wie lange sie brauchten, um bekannt zu werden oder woher sie kamen.

Die folgende Tabelle enthält bekannte Hinweise über Karten aus dem 13. bis 15. Jahrh..

1275	Spiele werden im Stadtbuch von Augsburg erwähnt, aber auf Karten wird nicht verwiesen.
1289–99	Der Codex von Nürnberg enthält keine Karten in der Liste der verbotenen Spiele.

1328–41	Das französische Manuskript »Renard le Contrefait« enthält einen Passus, der sich möglicherweise auf Karten bezieht.
1377	Karten und Kartenspiele werden von einem Mönch aus dem Kloster Brefeld in der Schweiz beschrieben.
1378	Karten werden in Regensburg verboten.
1379	Der Ankauf von Karten ist in den Niederschriften des Herzogtums Brabant, Belgien verzeichnet.
1380–84	Karten werden durch den Codex von Nürnberg erlaubt.
1381	In den Aufzeichnungen eines Notars aus Marseille werden Karten verurteilt.
1392	Die Aufzeichnungen des Schatzmeisters Karls VI. von Frankreich beinhalten eine Bezahlung von drei Sätzen handgefertigter Karten.
1393	Karten sind unter den erlaubten Spielen in Florenz aufgelistet.
1397	Ein Pariser Erlaß enthält Karten in einer Liste von Spielen, die den Bürgern an Werktagen verboten waren.
1415	Tarotkarten werden für den Herzog von Milano gemalt.
1423	Karten werden in einer Ansprache von St. Bernadin von Siena in Bologna verurteilt.
1423–77	In den Stadtbüchern von Nürnberg werden Frauen als Kartenmalerinnen erwähnt.
1427	Zwei Meister der Kartenherstellung sind im Zunftregister von Brabant aufgeführt.
1440	Die ältesten erhaltenen Karten in Holzdrucktechnik – es handelt sich um französische Hofkarten.

1440	Spielkarten werden in Stuttgart gedruckt.
1441	Der Import ausländischer Spielkarten wird durch die Obrigkeit in Venedig verboten.
1450–70	Ein Franziskaner-Mönch verurteilt in einer Predigt Würfel und Karten. Er macht einen klaren Unterschied zwischen den vier Serien und den zweiundzwanzig Trumpfkarten.
1463	Der Import ausländischer Karten nach England wird in einem Gesetz von Edward IV. verboten, um die heimischen Hersteller zu schützen.

Aus der obigen Tabelle kann man schließen, daß die Erfindung der Holzdrucktechnik in Deutschland im frühen 15. Jahrhundert die Entwicklung einer Kartenmanufaktur im größeren Stil einleitete. Die Tatsache, daß Karten in Regensburg schon um 1378 verboten wurden, könnte darauf hinweisen, daß einfache schablonierte Spiele schon zu einem früheren Datum in Mengen produziert worden sind. Denn die einfachen Menschen konnten sich solche handgemalten Spiele, wie sie dem Adel geliefert wurden, nicht leisten.

Die Nachfrage aus dem Volke nach Karten setzte sich jedoch gegen den religiösen Widerstand durch, und gegen Mitte des 15. Jahrhunderts gediehen Kartenmanufakturen in Italien, Frankreich, Deutschland und Belgien. Im Hinblick auf die Vielfalt der neuen Spiele und Spielkarten, die seit dieser Zeit entwickelt worden sind, ist es bemerkenswert, daß die frühen Darstellungen bis in die heutige Zeit überlebt haben.

Sehr wahrscheinlich sind die zweiundzwanzig Tarottrümpfe unabhängig von den vier Serien entwickelt worden. Von Bruder Johannes aus Brefeld (1377) werden sie

Zwölf große Trumpfkarten eines modernen italienischen Spiels.
Obwohl die ursprüngliche Symbolik verlorengegangen ist, lassen sich
interessante Details erkennen. Der Narr *(Il Matto)* trägt noch das
Schmetterlingsnetz und verfolgt seine Beute. Der Magier *(Il Bagatto,*
der Schuhmacher) hat auf der Bank vor sich eine Ansammlung von
Schuhmacherwerkzeug. Die Kraft *(La Forza)* trägt den sonderbaren
Hut in Form der Achterschleife, der gelegentlich auf einigen Tarotdar-
stellungen erscheint. Der Teufel *(Il Diavolo)* trägt einen gehörnten
Helm und hat den Kopf eines wilden Tieres auf die Vorderseite seines
Gewandes gemalt. Die Tänzerin in der Mitte der Welt *(Il Mondo)* trägt
einen Halbmond auf ihrem Kopf.

25

zwar nicht erwähnt, aber die Existenz des *Visconti-Tarot* (1415) beweist, daß sie zu dieser Zeit bekannt waren, denn der Franziskanermönch aus Norditalien (1450–1470) unterschied in seiner Rede eindeutig zwischen ihnen und den übrigen Karten.

Bis heute ist noch nicht geklärt, wann und unter welchen Umständen die zweiundzwanzig Tarottrümpfe und die vier Serien in einem Spiel verbunden worden sind.

Der Tarot ist im Laufe der Zeit viel verändert worden. Eine Version, die am wenigsten von dem frühen venezianischen Tarocco abgewichen ist, stellt sehr wahrscheinlich der französische *Tarot de Marseille* dar, welcher auf frühen Holzschnitten basiert.

Aber wenn man die Veränderungen der Spielkartenbilder im Laufe der Jahrhunderte berücksichtigt, so ist es erstaunlich, wieviel diese komplexen und rätselhaften Darstellungen von ihrem ursprünglichen Charakter während der sechshundert Jahre kontinuierlicher Produktion beibehalten haben.

2. Die Symbolik des Tarot

Genauso wie die Frage, wo und wann Tarotkarten zuerst erschienen sind, besteht auch das Rätsel ihrer ursprünglichen Bedeutung und Absicht. Vielleicht erlaubt eine Untersuchung der Kulturen, die es hervorgebracht haben, einige hilfreiche Schlußfolgerungen.

Die mittelalterliche Renaissance

Ein bedeutsames Wiederaufleben der Gelehrsamkeit fand in Westeuropa während des 11., 12. und 13. Jahrhunderts statt. Dies war ein Zeitalter großer Schaffenskraft und Neugier, und die Menschen wurden sich der neuen Möglichkeiten in der Welt um sie herum bewußt.

Europa war damals in mancher Hinsicht eine aufgeschlossene Gemeinschaft, in der neue Gedanken und Glaubensvorstellungen zusammentrafen und sich in großer Vielfalt miteinander vermischten. Diese entwickelten sich einerseits aus der klassischen Vergangenheit, die wieder neu entdeckt wurde, und andererseits aus anderen Teilen der Welt, die durch die neueröffneten Handelsrouten miteinander in Verbindung traten.

Seit der Mitte des 11. Jahrh.s wurden die Wege zum Nahen und Fernen Osten, sowie dem östlichen Mittelmeer von den Seestädten Norditaliens beherrscht. Deren Kaufleute profitierten vom Niedergang Byzanz als Großhandelsmacht, und später, im 12. und frühen 13. Jahrh.

festigten Venedig, Genua und Pisa ihre Macht so weit, daß sie den Transport und Nachschub für die Kreuzfahrer nach Osten übernahmen.

Die italienischen Händler entwickelten gute Beziehungen zu den islamischen Kaufleuten im Nahen Osten und den noch weiter entlegenen Gebieten. So trieben beispielsweise Nicolo und Maffeo Polo erstmals Handel mit Kublai Khan in Peking 1266, und als Nicolos Sohn Marco sie 1271 nach China begleitete, blieb er 15 Jahre im Dienst des mongolischen Reiches, bis er schließlich 1291 heimkehrte.

Die mongolische Gesellschaft verhielt sich tolerant gegenüber allen Religionen, die ihre eigene nicht bedrohten; und so trafen die Italiener zusammen mit Buddhisten, Konfuzianern, Taoisten, Schamanisten, Moslems, Juden, Christen sowie Mitgliedern von gnostischen und anderen Sekten.

Die italienischen Kaufleute hauptsächlich der Lombardei kontrollierten die Pässe in Savoyen und somit die Handelswege nach Norden. Dadurch hatten sie Zugang zu den großen Märkten in der Champagne sowie den bedeutenden Handels- und Industriezentren in Flandern, Frankreich und Nordwestdeutschland. Diese Kontakte ermöglichten darüber hinaus Handelsverbindungen nach England, Skandinavien und Rußland.

Dies geschah, noch bevor die westliche Kirche ihre eigene Position in Gefahr sah, und als neue Ideen noch offen diskutiert werden konnten, ohne daß es zu einem Prozeß wegen Ketzerei kam. Die italienischen Kaufleute waren nicht nur findige Geschäftsleute und verwegene Reisende, sie hatten auch einen aufgeweckten und forschenden Geist, der durch neue Religionen und Kulturen noch mehr angeregt wurde.

Demzufolge verbreiteten sich fremde Philosophien rasch durch Norditalien weiter nach Frankreich und ins Rheinland und von dort aus in andere Teile des Kontinents.

Norditalien und Südfrankreich waren zu der Zeit kulturell eng verbunden. Viele Italiener ließen sich in der Provence nieder und schufen von dort aus Handelsverbindungen mit Spanien und dem westlichen Mittelmeer, das damals von den Mauren beherrscht wurde. Im 12. und 13 Jahrh. entwickelten sich viele italienische, spanische und französische Städte zu Vielvölkerstädten, in denen Christen, Moslems und Juden freundschaftlich zusammenlebten.

Eine der wichtigsten geistigen Leistungen dieser Zeit waren die Übersetzungen. Arabische, jüdische und andere fremdsprachige Texte wurden erstmalig den europäischen Gelehrten zugänglich gemacht, und so wurden einige Städte, wie beispielsweise Toledo in Spanien und Montpellier in Frankreich berühmt für die Anzahl und Qualität von Übersetzungen.

Die normannische Eroberung Englands im späten 11. Jahrh. ebnete den Weg für die Ausbreitung keltischer Glaubensvorstellungen. Von den nordfranzösischen Höfen aus führte dieser Weg zur Verbreitung der Artus- und Gralslegenden in Europa.

So weist die mittelalterliche Welt ein reichhaltiges und differenziertes Zivilisationsgefüge auf. In der Kunst und Literatur des 12. und 13. Jahrh.s spiegelt sich das wachsende Interesse des abendländischen Menschen für seine innere Entfaltung wider; das Bewußtsein für die Notwendigkeit psychologischer Entwicklung sowie ein höheres Maß an geistiger Reife stand im wachsenden Gegensatz zu den engstirnigen Lehren der Kirche.

Beispiele für derartige Untersuchungen finden sich in

Arbeiten früher mittelalterlicher Gelehrter wie Bernard Sylvester, der in der Mitte des 12. Jahrh.s lebte und etliche Arbeiten verfaßte einschließlich eines Kommentares zu den ersten Büchern der Aeneis, einer Strophenübersetzung eines arabischen Werkes über astrologische Geomantie und eines langen Gedichtes, das die Ergebnisse der Voraussagen eines Astrologen aufzeichnete.

Sein bekanntestes Werk war eine philosophische Betrachtung mit dem Titel *De Mundi Universitate* (Über die universelle Natur der Welt), das er zwischen 1145 und 1153 schrieb.

In diesem Buch erörtert Sylvester die große Mutter-Göttin des Altertums (die er *Natura* nennt), Eros, die befruchtende Kraft der Natur, und das Wesen der Sterne, die er als Götter bezeichnet.

Obwohl seine Arbeit offensichtlich neuplatonisch und nichtchristlich ist, war sie zu seiner Zeit ein großer Erfolg und wurde immerhin in den Zentren der Gelehrsamkeit wie Avignon, Paris und Pavia bis ins späte Mittelalter studiert und diskutiert.

Gnostische Einflüsse auf das mittelalterliche Gedankengut

Der Trend zum Wiederaufleben heidnisch klassischer Glaubensvorstellungen läßt sich am besten am Erfolg der gnostisch religiösen Sekten im damaligen Europa darstellen.

Das beste Beispiel für diesen Erfolg sind die Katharer. Die Katharer (eine Ableitung aus dem griechischen Wort für »rein«) bildeten eine dualistische Sekte, die hauptsächlich in Südfrankreich und Norditalien während des

12. und 13. Jahrh. aufblühte. Sie waren auch bekannt als Albigenser, nach dem Namen der Stadt Albi nahe Toulouse, die eines ihrer Hauptzentren war.

Die Katharer traten zuerst in Languedoc um 1140 in Erscheinung, aber ihre Philosophie stammt wahrscheinlich aus der Lombardei. Ein Studium ihrer Lehren zeigt, daß sie von den Bogomilen abstammen, einer in Bulgarien um 940 gegründeten Sekte, die angeblich auf den Priester Bogomil zurückgeht.

Diese Sekte wurde im Südbalkan und in Kleinasien sehr populär während des 10. und 11. Jahrh.s, und ihre Lehren sind offensichtlich von den Paulizianern abgeleitet, einer christlich häretischen Sekte aus Armenien, die wahrscheinlich ihrerseits ein Ausläufer der manichäischen Religion Persiens war.

Dualismus bezeichnet die Glaubensvorstellung, nach der das Universum das Kampffeld zweier gegensätzlicher Kräfte ist. Nach dieser Theorie soll die uns bekannte Welt im Grunde genommen schlecht sein, da sie angeblich von einer böswilligen Kraft, dem Demiurg (eigentlich: dem „Weltbaumeister"), geschaffen worden ist. Diese Kraft wurde von christlichen Dualisten mit Satan gleichgesetzt. Der vom Demiurg geschaffene Körper und die niedere Seele des Menschen tragen jedoch den gefangenen Funken des entgegengesetzten Prinzips in sich, jener Gottheit, die nur durch eine tiefe Erleuchtung freigesetzt werden kann, die alle materiellen Fesseln sprengt. Das Erlangen dieser Selbsterkenntnis war das erklärte Ziel der Dualisten, die Gnostiker genannt wurden nach dem griechischen Wort *gnosis*, das Wissen bedeutet.

Die Katharer in Europa waren davon überzeugt, daß nicht nur die physische Welt eine Schöpfung des Teufels, sondern daß der Teufel auch der Gott des Alten Testaments war. Sie sahen in Christus den gesandten Erlöser. Er sollte jenen Weg zeigen, durch den der Mensch sich selbst von den Fesseln der Materie befreien und die wahre Natur des alttestamentarischen Gottes entlarven konnte. Da die Katharer die materielle Welt gänzlich verneinten, lehnten sie auch die Lehren der katholischen Kirche bezüglich der Fleischwerdung Christi und die der körperlichen Auferstehung der Gläubigen am Tag des Jüngsten Gerichts ab.

Der gnostische Aspekt in den großen Arkana

Angeblich wurden die Tarotkarten von den Katharern als Mittel hergestellt, um ihre Lehren den Analphabeten bildlich darstellen zu können. Aber die Darstellungen des Tarot geben die Glaubensvorstellungen der Katharer nicht ausführlich wieder.

Betrachtet man jedoch die 22 Karten der großen Arkana in numerischer Reihenfolge – beginnend mit der unnumerierten Karte des Narren und abschließend mit der Karte XXI Die Welt – so zeigen sie außerordentlich gut die Thematik des klassischen Gnostizismus. Danach ist der menschliche Geist göttlich, aber gefangen in einem physischen Körper und unwissend über seine Göttlichkeit (Der Narr). Ein Bote aus höheren Sphären zeigt seine Beherrschung der materiellen Welt und beweist damit die Existenz einer tieferen Dimension als der oberflächlichen Wirklichkeit. In einigen Darstellungen wird er zum Lehrer und Begleiter des Narren (Der Magier).

Vor der Befreiung muß man den herrschenden Kräften (dargestellt durch die Hohepriesterin, die Herrscherin, den Herrscher und den Hierophanten) widerstehen und den Herausforderungen des alltäglichen Lebens begegnen und sie überwinden (Die Liebenden und Der Wagen).

Erst wenn ein bestimmter Grad der Reife erreicht worden ist, kann der Suchende (Der Eremit) die Reise beginnen, die ihn zu seinem geistigen Ursprung zurückführt.

Die wohlüberlegte Wendung nach innen erfordert die Überwindung der physischen Zwänge (Die Kraft) und die Umkehrung der alltäglichen Werte, wobei die niederen Werte bewußt zugunsten der höheren geopfert werden (Der Gehängte).

Die Vergeistigung des niederen Selbst (Der Tod) führt zu einem Zustrom geistiger Energie (Die Mäßigkeit), die es ermöglicht, den Demiurg zu besiegen .

Das führt zur Zerschmetterung des irdischen Gefängnisses (Der Turm) und ermöglicht den Aufstieg des Geistes durch die himmlischen Sphären (Der Stern, Der Mond und Die Sonne), bis er die mystische Wiedergeburt erfährt (Das Gericht) und schließlich verschmilzt mit dem »Anima Mundi«, dem überpersönlichen Geist der Welt (Die Welt).

Für den Gnostiker ist der menschliche Geist ein Teil Gottes, ein göttlicher Funke, und er leidet nicht unter seinen eigenen Sünden, sondern unter der Urtragödie, über die er keine Macht hatte.

So ist die Erlösung des Menschen auch eine Erlösung Gottes, und indem die Welt besiegt ist, ist sie ein Teil Gottes, der befreit ist, und damit in der Lage, zu ihrem Ursprung zurückzukehren.

Nach den Lehren der Gnostiker Basilides und Valentinus (2. Jahrhundert) soll die Symbolik des Tarot eher mit den Mysterienreligionen der heidnischen klassischen Welt als mit ihren mittelalterlichen Nachfolgern in Zusammenhang stehen.

Das bedeutet aber nicht, daß diese Lehren nicht bis ins 12. und 13. Jahrh. überlebt haben. Der Manichäismus beispielsweise, eine im 3. Jahrhundert gegründete gnostische Religion eines persischen Prinzen namens Mani, verbreitete sich im Osten und blieb etwa 1000 Jahre lang eine der beherrschenden Religionen Asiens.

Offen bleibt die Frage, welche weniger bekannten Traditionen zu dieser Zeit in den Westen einsickerten.

Die vielfältigen Quellen der Tarot-Darstellungen

Es zeigt sich also, daß der Ursprung der Tarotkarten nicht so leicht zu ermitteln ist, wie man zuerst denken könnte. Sie wurden in einer Zeit geschaffen, in der viele Gedankenrichtungen in Europa zusammentrafen. Aus diesem Grund sind sie aller Wahrscheinlichkeit nach nicht das Produkt einer einzelnen Tradition.

Die Entwürfe wurden in Europa ausgeführt, aber sie vereinigen nicht nur christliche, gnostische und islamische Darstellungen, sondern genauso keltische und nordische Elemente.

Dies kann schon mit einem Blick auf die Karten festgestellt werden. Der Gehängte erinnert an Odins Selbstopfer am Weltbaum, den symbolischen Tod des Dionysus in den orphischen Mysterien, und die Einweihungsprüfung der Schamanen des Ostens.

Der vom Blitz getroffene Turm weist Parallelen zum Blitzstrahl des Jupiter auf sowie zu seinem nordischen Äquivalent, Thors Hammer, und zum Blitz der Erleuchtung, wie er im Mahayana- und tantrischen Buddhismus beschrieben ist, und zwar als Flamme, die alle Illusionen zerstört.

Zwölf Karten der großen Arkana eines französischen »Tarot de Marseille« aus der Jahrhundertwende. Die Karte II – Die Hohepriesterin –
ist hier durch Junon (Juno) und Karte V – Der Hierophant – durch
Jupiter ersetzt worden. Eine päpstliche Mißbilligung von 1725 bewirkte
die Streichung von vier Karten – Die Hohepriesterin (Päpstin), Die
Herrscherin (Kaiserin), Der Herrscher (Kaiser) und Der Hohepriester
(Papst) – und setzte an deren Stelle die vier Mohren oder Satrapen. Um
1800 wurden in Besançon Die Hohepriesterin und Der Papst durch
Juno und Jupiter ersetzt (wie in den abgebildeten Karten).

Die Hohepriesterin und die Herrscherin sind eindeutige Ableitungen von Göttinnen der Weisheit und Fruchtbarkeit, Leben und Tod, während der Stern, der Mond und die Sonne an die arabische und klassische Astrologie, die astralen Ebenen der Gnostiker und die göttlichen Sphären eines Dante erinnern.

Der Magier ist Hermes Trismegistos, Patron der Alchemisten und höchster Gott in der Gnosis, der auch ein Gaukler und Taschenspieler ist.

Karte VI, die Liebenden, wird beherrscht von der heidnischen Figur des Eros, während die Karte XX, Das Gericht, eine apokalyptische Szene zeigt, die Moslems wie Christen bekannt ist.

Die Kunst des Erinnerns

Es gibt keine Beweise dafür, daß Tarotkarten außer zum Spielen und Wahrsagen, auch für andere Zwecke benutzt worden sind. Es ist jedoch bekannt, daß im Mittelalter andere komplexe allegorische Bilder als Hilfe zur Erinnerung und als Mittel für die religiöse Unterweisung von Analphabeten hergestellt wurden.

Derartige Bilder wurden sorgfältig aus stereotypen Elementen zusammengestellt, um dem Betrachter bestimmte Gedanken oder Geschichten einzugeben. So konnte beispielsweise ein vollständiges Evangelium symbolisch gezeigt werden, das jeder Mensch deuten konnte, der mit den gebräuchlichen Konventionen vertraut war.

Diese Technik bildete einen Teil der »Kunst des Erinnerns«. Obwohl entsprechende Abhandlungen nicht vor 1482 gedruckt wurden, ist bekannt, daß sie lange vor dieser Zeit in Handschriften weit verbreitet waren.

Einige der großen Arkana passen sehr gut in diesen

mittelalterlichen Rahmen: drei der vier Tugenden – Gerechtigkeit, Mäßigkeit und Tapferkeit (Stärke). Nur die Klugheit ist nicht direkt enthalten. Sie könnte durch den Eremiten oder sogar die Hohepriesterin symbolisiert sein. Die Klugheit könnte auch der gesamten Folge des Tarot zugeteilt sein; es heißt nämlich, daß die Kunst des Erinnerns unter der Schutzherrschaft der Klugheit steht.

Das Spiel der Trümpfe (Triumphe)

Da es schriftliche Berichte darüber gibt, daß die großen Arkana des Tarot für ein »Triumphe« genanntes Spiel im Italien der Renaissance benutzt wurden, eröffnet sich eine andere Möglichkeit für Nachforschungen.

Besonders in Italien waren zur Zeit des Mittelalters und der Renaissance Festlichkeiten und Umzüge ein beliebter Bestandteil des städtischen Lebens. Ursprünglich mögen es Mysterienspiele gewesen sein, Theateraufführungen sakraler Geschichten, doch später entstanden daraus geistliche und weltliche Prozessionen der Heiligenverehrung oder anläßlich des Besuches von Würdenträgern. Solch prächtige Inszenierungen wurden oft von berühmten Künstlern geleitet – Brunelleschi und Leonardo da Vinci sind dafür bekannt, daß sie mechanische Vorrichtungen zur Belebung kunstvoller Tableaus entworfen haben, *Trionfi* oder Triumphe genannt.

Ob das Tarotspiel der Triumphe diesen Titel trug, weil der Urheber mit den Karten einen triumphalen Umzug darstellen wollte, oder ob die Karten ursprünglich mit einigen verlorengegangenen Mysterienspielen verbunden waren, ist wie so oft in der Geschichte des Tarot nicht bekannt.

Die kleinen Arkana des Tarot

Bei der Untersuchung der Karten der kleinen Arkana erweist sich die Anzahl der möglichen Quellen als weit weniger verwirrend. Die 56 Karten sind in vier Serien gegliedert, die jeweils vier Hofkarten und zehn Zahlenkarten enthalten.

Die Hofkarten zeigen Könige, Königinnen, Ritter und Pagen (Buben), bekannte Figuren der mittelalterlichen Gesellschaft. Ihr Auftreten in Spielkarten könnte durch ein schachähnliches Spiel angeregt worden sein. Das Spiel war in Adelskreisen des 13. Jahrhunderts verbreitet, hieß nach zeitgenössischen Quellen *Quatuor-Reges*, also die vier Könige, und wurde eine Zeitlang für ein Kartenspiel gehalten, das sich jedoch als eine Art des Schachspiels herausstellte.

Interessant ist in diesem Zusammenhang, daß die Mehrzahl der ersten Tarotkarten einen karierten Rücken hatte, der an ein Schachbrett erinnert.

Die vier Serienzeichen der kleinen Arkana – Stäbe, Münzen, Schwerter und Kelche – waren auch als Spiegel der vier Stände des Mittelalters gedacht: Adel (Schwerter), Klerus (Kelche), Kaufleute (Münzen) und Bauern (Stäbe). Das ist offensichtlich eine spätere Vereinfachung, denn diese vier Symbole sind nicht nur typisch für den Tarot. Tatsächlich kann man die Geschichte der Serienzeichen über viele Jahrhunderte zurückverfolgen.

Die vier Heiligtümer des Grals

Die Geschichten um den heiligen Gral, welche zuerst von Geoffrey von Monmouth in lateinischer Prosa kurz nach 1130 verbreitet wurden, erzählen von vier heiligen

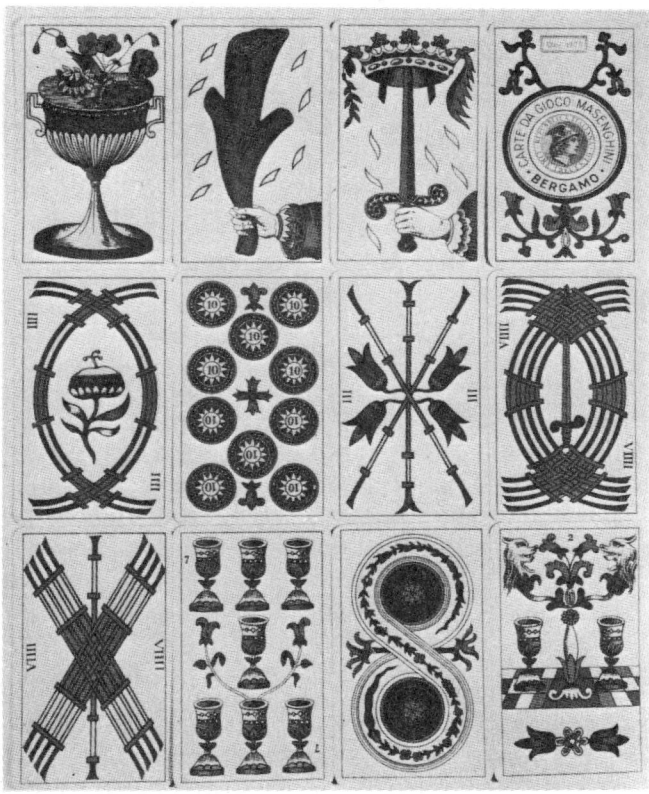

Zwölf Karten eines modernen italienischen Tarocco-Spiels. Diese Darstellungen halten sich eng an die frühesten Vorbilder: die Schwerter sind als geschwungene sich kreuzende Klingen abgebildet, die ähnlich erscheinenden Stäbe sind dagegen gerade, die Münzen sind kunstvolle Medaillons mit der Nummer der Karte jeweils im Zentrum, und die Kelche sind hoch und schlank und farbenreich verziert. Die maskulinen Serien der Stäbe und Schwerter tragen römische Zahlzeichen, während die femininen Serien der Münzen und Kelche arabische tragen. Traditionell enthält das As der Münzen Angaben über den Hersteller und die Steuer, die für das Spiel zu zahlen ist.

Gegenständen, den Heiligtümern des Grals. Obwohl die genaue Beschaffenheit dieser Gegenstände von einer Version der Sage zur anderen abweicht, werden sie meist so beschrieben:

Das erste Heiligtum war der Gral selbst, welcher mit dem von Christus beim letzten Abendmahl benutzten Kelch gleichgesetzt wird und von dem es heißt, daß er die begehrtesten Speisen spendete.

An zweiter Stelle stand das Schwert des Geistes, jenes legendäre Schwert, das von König David aus dem Alten Testament getragen worden war.

Darauf folgte die heilige Lanze; die Lanze des römischen Soldaten Longinus, mit der er Christus am Kreuze verwundete, und schließlich die Platte, von der Christus und seine Jünger das Osterlamm aßen.

Der Gral und die Platte entsprechen dem Kelch und dem Hostienteller, wie sie in der katholischen Messe benutzt werden. Doch die vier Symbole stammen ursprünglich aus der vorchristlichen Zeit.

Wie die Quellen der Gralssage sind auch die des Tarot vielfältig und voneinander abweichend. Aber ein Teil von ihnen stellt die christliche Bearbeitung eines keltisch-mythologischen Zyklus dar, der von Irland aus sich bis nach Wales und in Teile von Cornwall verbreitete.

Die normannische Eroberung Englands brachte die französische Kultur westlich bis nach Wales, und seit der zweiten Hälfte des 12. Jahrh.s wurden die Artussagen ins Französische übersetzt. Darauf folgte die erste, wenn auch unvollendete französische Version des Gralszyklus, der *Conte del Graal*, 1190 von Chrétien de Troyes verfaßt.

Die vier Heiligtümer des Grals sind zum Teil Ableitungen der vier Schätze Irlands, die magischen Wahrzeichen der »Tuatha dé Danaan«, des Volkes der Göttin Danu, die die keltischen Götter im vorchristlichen Irland darstellten.

Diese vier Schätze waren:

1. Der Kessel des Dagda. Dagda war *Eochaid Ollathair*, Vater von allem. Er war der Ernährer des Volkes, weil sein Kessel nie geleert werden konnte.

2. Der Speer von Lug. Lug war ein höchst vielseitiger Gott, daher auch sein Titel *Samildánach*, der Vielbegabte. Er kämpfte mit Speer und Schleuder, Waffen, die eine hohe Geschicklichkeit erfordern.

3. Das Schwert von Nuada. Nuada war König der *Tuatha*, und von seinem Schwert hieß es, daß ihm kein Feind entkommen könne, wenn es erst einmal gezogen war.

4. Der Stein von Fál. Dies war der Stein der Souveränität, der laut aufschrie, wenn ein rechtmäßiger irischer König seinen Fuß auf ihn setzte.

Wie diese vier alten und heiligen Symbole, die vier Schätze von Irland, und die Heiligtümer des Gral als Serienzeichen auf Spielkarten Verwendung fanden, bleibt ein Rätsel, aber es wird deutlich, daß die Symbolik der kleinen Arkana des Tarot nicht isoliert dasteht.

Die arthurischen Romane wie auch die gnostischen Religionen befaßten sich im Kern mit der menschlichen Suche nach Weisheit, geistiger Reifung und letzter spiritueller Befreiung. Ihr Thema war die Suche des einzelnen nach bedeutungsvoller Erfahrung, die ihm helfen würde, einen höheren Grad an Reife, eine befriedigendere Ganzheit der Persönlichkeit und Beziehung zur Umwelt zu erlangen.

Die Symbolik der Kelche, Stäbe, Schwerter und Münzen des Tarot läßt sich nicht auf eine einzelne Tradition begrenzen, genausowenig wie die Symbole der großen Arkana. Die Vierheit der entgegengesetzten, jedoch komplementären Symbole war an vielen Orten und zu vielen Zeiten verbreitet, und die Serien des Tarot zeigen das Zusammenfließen verschiedener kultureller Strömungen. So ist das Buch *From Ritual to Romance* von Jessie L. Weston ein interessanter Versuch, die Tarotkarten mit einem heidnischen keltischen Kult zu verbinden, der den Sieg des Christentums überlebt hat und als Glaube im Untergrund fortlebt. Allerdings konnten Westons Hypothesen späteren Untersuchungen nicht standhalten, und ihre Theorien blieben relativ unbeachtet.

Vielleicht sollten wir das letzte Wort zum Ursprung des Tarot einem der ersten Schriftsteller lassen, der das Thema untersucht hat. Pietropaulo von San Chirico schrieb in einem 1526 zu Rom veröffentlichten *Capitolo del Cioco della Primiera*:

»Wir wissen nur wenig Genaues darüber, wer der Erfinder war und das Spiel als erster entwickelte, noch geben uns verläßliche Autoritäten darüber Auskunft. Einige sagen, es sei Lorenzo de Medici der Prächtige gewesen und erzählen gottweißwelche Geschichte von einem Abt; da sie aber des Aufhebens nicht wert ist, und ich sie nicht erzählen kann, sei sie nun schlecht oder gut überliefert, habe ich ihre Erforschung anderen überlassen, die neugieriger sind als ich. Wieder andere meinen, es sei Ferdinand von Neapel gewesen, der sich auf diese Weise als Erfinder ausgezeichnet habe. Noch andere nennen Matthias, den König von Ungarn, viele auch die Königin

Isabella, einige den Großen Seneschall. Kurz, weil diese Überlegungen ebenso überflüssig sind wie die ersten, überlassen wir doch die Untersuchung Leuten, die unbedingt wissen wollen, wie viele Fässer Wein die Aceste dem Aeneas gegeben hat, oder wie die Amme des Anchisas hieß, und ähnliche Kuriositäten, die schlimmer sind als die Frage nach dem Ei und der Henne; denn wenn man mich fragte, so würde ich antworten, daß es die Karten immer gegeben hat und immer geben wird und daß mich dünkt, keiner der Genannten habe die Karten gefunden, vielmehr fanden die Karten sie.«[3]

3. Die Bedeutung der großen Arkana

Nach allem, was über die Tarotkarten bekannt ist, erscheint es wahrscheinlich, daß sie erdacht worden sind, um die Grade oder Stufen eines Initiationssystems darzustellen. In gewisser Hinsicht ähneln die Tarotbilder denen der Alchemie, die – nach Jung – für ihre erkenntnissuchenden Anhänger ein System von Übungen in der Abgeschiedenheit war, das zu geistiger Erleuchtung führte.

Die abendländische Alchemie entstand wahrscheinlich in Ägypten in der hellenistischen Bevölkerung Alexandrias – eine frühe Hochburg der Gnostik. Wenn das zutrifft, dann sind die alchemistischen Abhandlungen und die Tarotkarten Beispiele für eine geheime Symbolsprache, wie sie zu allen Zeiten von Eingeweihten benutzt wurde, um ihre Schüler zu unterrichten und die Laien zu verwirren.

Diesen Geheimlehren hat man in jüngster Zeit viel Aufmerksamkeit geschenkt aufgrund der Jungschen Entdeckung, wonach die Arbeiten der Alchemisten ein hochentwickeltes System zur Erlangung psychischer Integration enthalten und den Stufen des Jungschen »Individuationsprozesses« erstaunlich ähneln.

Jung definiert Individuation als das sich erweiternde Selbstbewußtsein des Individuums und der Gesellschaft, ein nach bestimmten Regeln verlaufender Prozeß der psychischen Entwicklung, der zu mehr Ganzheit und zur Abrundung des Lebens führt.

Er war der Überzeugung, daß der innere Drang nach Reifung zwei Formen annehmen kann. Zuerst gibt es bei jedem Lebewesen den natürlichen Vorgang des Wachstums, der beim Menschen ohne bewußte Steuerung oder Kontrolle abläuft. Darüber hinaus kann es ein bewußt gesteuertes Programm der inneren Entwicklung geben, das durch genaue Anweisungen und Übungen angeregt werden muß.

Der zweite Individuationsprozeß unterscheidet sich vom ersten dadurch, daß das Bewußtsein das Geschehen überwacht und sich bemüht, den Lebensfluß in Bahnen zu lenken, die die eigene geistige Entwicklung vorantreiben. Der bewußte Weg zur Individuation erfordert Mut und Entschlossenheit; es ist dies die uralte Suche des Helden, wie sie in jeder Kultur im Gewande von Mythen und Legenden erscheint. Ständig muß er Versuchungen begegnen, häufig qualvolle Entscheidungen treffen und immer wachsam sein.

Die Gefahren dieser Suche und ihr Lohn sind zweifellos das Thema des Tarot. Jede Karte der zweiundzwanzig großen Arkana beschreibt eine entscheidende Stufe auf der Reise des Lebens. Nur durch die Lösung des Rätsels, das jede Karte enthält, öffnet sich der Weg nach vorn, und die Entwicklung der Persönlichkeit wird vorangetrieben.

Nach Jung umfaßt der Individuationsprozeß das gesamte Leben, zerfällt aber naturgemäß in zwei Hälften. Die erste Hälfte betrifft die Beziehung des Individuums zur Außenwelt; sie ist auf die Entwicklung des Bewußtseins und die Stabilisierung des Ego gerichtet.

In der zweiten Hälfte wird dieser Prozeß umgekehrt und das Ego mit den Tiefen der eigenen Psyche konfrontiert, indem es versucht, die Verbindung zum inneren Selbst als dem wahren Zentrum des Bewußtseins zu festigen.

Beide Phasen haben entgegengesetzten, aber auch ergänzenden Charakter. Die erste Hälfte des Lebens bezeichnet Jung als solar, da sie sich aktiv, positiv und expansiv nach außen wendet. Die zweite Hälfte ist dem Wesen nach lunar, nach innen schauend, meditativ und passiv in ihrer Beziehung zum physischen Universum.

Untersucht man die zweiundzwanzig Tarotarkana unter diesen Gesichtspunkten, so wird man feststellen, daß sie in zwei Gruppen zerfallen, wobei das Rad des Schicksals bemerkenswerterweise den Mittelpunkt darstellt.

Der Wendepunkt zwischen der einen Hälfte des Lebens und der anderen ist von entscheidender Wichtigkeit; auf dem Höhepunkt der physischen Existenz wird man plötzlich mit der Unausweichlichkeit des Todes konfrontiert. Wie Jung sagte, beginnt der Abstieg mit dem Mittagsschlag. Und dieser Abstieg bedeutet die Umkehrung aller Ideale und Werte, die noch am Morgen geschätzt wurden.[4]

Die Karten, die sich auf die erste Hälfte des Lebenszyklus beziehen, beginnen mit der unnumerierten Karte des Narren und enden mit dem Rad des Schicksals.

Der Narr kann als neugeborenes Kind gesehen werden, das die Welt betritt, rein, unschuldig und sich seiner als einer selbständigen Wesenheit nicht bewußt; er ist noch umhüllt von den tiefen Falten des Unbewußten.

Die zweite Karte, Der Magier, symbolisiert das Dämmern des Selbstbewußtseins, das Auftauchen des individuellen Ego. Es ist ein Mensch dargestellt, der die magischen Waffen des Bewußtseins führt, mit denen er die Welt erobern will.

Die folgenden vier Karten, Die Hohepriesterin, Die Herrscherin, Der Herrscher und Der Hierophant, spielen auf die vier Kräfte an, denen das kindliche Ego unterworfen ist: männlich und weiblich, materiell und geistig. Diese Karten können sich auf die Instrumente beziehen, durch die das Individuum die Verbindung zu seiner Umwelt herstellt, nämlich die vier Jungschen »Funktionen« Intuition, Gefühl, Sinnesempfindung und Gedanke.

Die Karte VI, Die Liebenden, deutet auf die erste entscheidende Wahl im Leben, die Ablösung von der eigenen Familie während des Heranwachsens zugunsten einer Gefährtin/eines Gefährten. Mit dieser Karte wird das Individuum verantwortlich für sein Handeln und für seine Bestimmung.

Als nächstes folgt Der Wagen, der auf die Notwendigkeit der erfolgreichen Anpassung an die Gesetze der Gesellschaft weist und auf den Aufbau eines sicheren »Gefährts«, oder einer Persönlichkeit, welche nötig sind, um sich in der Welt weiterzuentwickeln.

Die Gerechtigkeit fällt mit dem Beginn der physischen Reife zusammen und deutet darauf hin, daß die bisherige Entwicklung des Individuums einseitig gewesen ist. Das Bewußtsein ist auf Kosten des Unbewußten entwickelt worden. Es ist Zeit, das Gleichgewicht wiederherzustellen, wenn psychischer Stillstand vermieden werden soll. Die Gerechtigkeit ist die Stimme des Gewissens.

Der Eremit beschreibt den Prozeß der Selbstprüfung, der folgen wird, wenn die Antriebe des Gewissens beachtet werden. Die breite Bahn, auf der der Wagenlenker gereist ist, kommt zu einem Ende, und ein neuer und schmalerer Pfad muß jetzt gefunden werden.

Nun gelangt man zum Rad des Schicksals, dem Mittelpunkt des Lebens. Es ist die Stufe, wo der Gipfel überschritten ist und der Abstieg beginnt.

In der nächsten Karte ist dem Eremiten gelungen, seine Einstellung zu ändern, indem er erkannt hat, daß seine scheinbar unüberwindbaren Schwierigkeiten von der gesamten Menschheit geteilt werden. Die Einsicht, daß seine Leiden nicht nur ihm allein eigen sind, gibt ihm die notwendige Loslösung, seine inneren Ängste zu überwinden, so wie die Frau auf der Karte Die Kraft den Löwen besiegt. Einzig durch furchtlose Konfrontation können die Urkräfte des Unbewußten entwaffnet werden.

Der Gehängte symbolisiert die Umkehrung der Werte und Ziele, ein Prozeß, der während der zweiten Lebenshälfte stattfinden sollte. Mut ist notwendig, um zugunsten einer unsicheren Zukunft auf die Vergangenheit zu verzichten. Aber dieses Opfer muß gebracht werden, um den geistigen Reifeprozeß weiterzuführen.

Die folgende Karte, Der Tod, wird gelegentlich »Transformation« genannt, da sie auf die Transformation des Bewußtseins deutet, die nun erfolgen muß. Das Ego muß transzendiert werden; durch den Tod des alten Selbst soll die darin gefangene Energie befreit und auf die Reifung des höheren Selbst gerichtet werden.

Nachdem die Begierden des Ego geopfert worden sind, symbolisiert Die Mäßigkeit den erneuerten Kontakt mit den Kräften des Lebens. Die größte Herausforderung auf der Suche nach dem Verlorenen – der Abstieg in die Unterwelt – hat zum Sieg geführt. Das Bewußtsein ist vereint mit dem Unbewußten, und das Ungleichgewicht, das vorher durch Die Gerechtigkeit angezeigt war, ist nun aufgehoben.

Der Teufel aber deutet darauf hin, daß die Gefahren der Reise noch nicht vorüber sind. Die Kräfte des Unbewußten sind befreit worden, und der Suchende muß sich entweder den geistlosen Kräften des Instinkts unterwerfen oder sie annehmen und in eine höhere und positive Form verwandeln.

Die Umkehrung des Teufels, des Satans oder Demiurg, ist der glorreiche Engel Luzifer, der Lichtbringer. Die nächste Karte, Der Turm, beschreibt anschaulich das Geschenk des Luzifer. Sein Licht ist das Feuer der Erleuchtung, das wie ein Blitz herabfährt und alles auf seinem Weg zerstört, das nicht seinem eigenen Wesen entspricht. Es ist die Woge der Kraft, die empfunden wird, wenn die psychische Barriere zwischen dem niederen und dem höheren Selbst beiseite geräumt ist und das göttliche Licht die Persönlichkeit erstrahlen läßt.

Der Stern ist ein Symbol höheren Bewußtseins – der Abendstern, der als Führer in der Dunkelheit dient, die zwangsläufig auf die blendende Helligkeit des göttlichen Lichtblitzes folgt.

Der Mond symbolisiert die letzte große Prüfung, die bestanden werden muß – die dunkle Nacht der Seele, die auf den Rückzug des inneren Lichts folgt und alles als Illusion erscheinen läßt. Hier handelt es sich um eine Glaubensprobe.

Die Sonne repräsentiert die Aussöhnung der Gegensätze, die Vereinigung des sterblichen und des unsterblichen Selbst. Diese Karte ist eine Analogie zur Hochzeit des königlichen Bruders mit der Schwester in der Alchemie. Die Nacht ist vorüber und ein neuer Tag bricht an.

Das Gericht zeigt die Wiedergeburt oder Auferstehung des integrierten Selbst; deshalb sieht man am Tag des Jüngsten Gerichts Gestalten von den Toten auferstehen.

Die Welt ist ein Mandala; die androgyne Gestalt, die von einem Kranz umringt tanzt, ist das Symbol der psychischen Ganzheit, die in ihrer Symmetrie die vollständige

Ordnung und das Erreichen der geistigen Reife aus-drückt.

Das Mandala kann auch als die Darstellung eines Kindes im Mutterleib gesehen werden und stellt so eine Verbindung her zur ersten Karte in der Folge, dem Narren – das neugeborene Kind am Anfang seiner Reise durchs Leben. Dies würde der gnostischen Lehre von der Wiedergeburt und der Aufeinanderfolge vieler Leben, die zu einer immer höheren Erfüllung führen, entsprechen.

Da die großen Arkana des Tarot zweiundzwanzig wichtige Stufen auf dem Pfad des Lebens beschreiben, kann jede Karte auf verschiedenen Ebenen interpretiert werden. Sie kann auf wichtige Prinzipien und Kräfte hinweisen, die in der Welt wirksam sind, und bedeutsame Prozesse in der Erweiterung des mystischen Bewußtseins enthüllen; sie kann auf das Auftauchen noch nicht entwickelter Aspekte der Persönlichkeit hinweisen, und bei umgekehrter Lage vor physischen oder psychischen Fallen warnen, denen man möglicherweise begegnet.

Der Tarot spricht in der Sprache der Symbole und des Unbewußten, und wenn man sich ihm in der richtigen Art und Weise nähert, kann er Tore zu den verborgenen Bereichen der Seele öffnen.

Die geheimnisvolle Schönheit der Karten sorgt für einen Stimulus, der die eigenen intuitiven Fähigkeiten weckt und zu einem Verständnis führt, das außerhalb des Intellekts liegt. Indem der Geist die Tarotbilder erforscht, enthüllt er Bedeutungen, die sich nicht vollständig definieren oder nicht ganz ins Licht des Verstandes rücken lassen.

Der Tarot verbindet die Welt des Menschen mit der Welt des Geistes, verknüpft alle Ebenen der Realität und öffnet innere Tore, die bisher verschlossen waren. Ein großer Teil des bleibenden Wertes dieser Karten liegt in der Tatsache, daß ihre Darstellungen nicht in ein festumrissenes Dogma eingepaßt werden können. Sie können niemals vollständig verstanden werden, und deshalb eröffnen sie dem aufmerksamen Betrachter neue und ursprüngliche Einsichten.

Die Karten sind ein Ausdrucksmittel für die Kräfte des Lebens und den archetypischen Inhalt des Unterbewußten. Meditatives Betrachten der rätselhaften Darstellungen kann die kreativen Kräfte der Psyche anregen und zu einer inneren Erleuchtung führen, die nicht nur die Grenzen des Bewußtseins erweitert, sondern auch dazu dient, die verborgenen Fähigkeiten des Unbewußten zu aktivieren.

In der Abbildung sind die zweiundzwanzig großen Arkana in Form einer horizontalen Acht ausgelegt. Diese Form ist ein altes Zeichen für Ewigkeit und erscheint regelmäßig auf frühen Tarotkarten, beispielsweise in den Hüten, die vom Magier und der jungen Frau auf der Karte Die Kraft getragen werden, und als Kopfbedeckung einiger Figuren der Hofkarten. Es taucht ebenfalls

auf Karten der kleinen Arkana auf, etwa der Münz 2, sowie im Stundenglas, wie es bei einigen Kartenvarianten der Eremit in Händen hält. Die Karten sind in dieser Form ausgelegt, weil so die allumfassende Idee der Tarotkarten auf einen Blick deutlich wird. Folgt man der Reihenfolge der Karten, die mit dem Narren beginnen, so stellt man fest, daß die ersten zehn Karten vom Zentrum weg nach außen weisen. Diese Karten beziehen sich auf die erste, solare Hälfte des Lebens, wenn die heranwachsende Persönlichkeit mit der Konfrontation und den Beziehungen zur Außenwelt beschäftigt ist. Das Rad des Schicksals befindet sich an der Verbindungsstelle der beiden Kreise und deutet auf den Mittelpunkt des Lebens, wenn sich die Aufmerksamkeit nach innen wendet. Die folgenden zehn Karten weisen alle nach innen und beziehen sich auf den lunaren, nach innen gekehrten zweiten Teil des Individuationsprozesses.

Die letzte Karte Die Welt liegt wie Das Rad des Schicksals an der Verbindungsstelle der beiden Kreise und deutet auf das Ende des einen Lebenszyklus und den Beginn des nächsten.

Diese Anordnung der Karten fördert manch merkwürdige Parallelen und Korrespondenzen zwischen ihnen zutage, wie ein Vergleich jeder Karte des einen Kreises mit der gegenüberliegenden des anderen Kreises zeigt.

Der Hohepriester oder Hierophant auf der rechten Seite entspricht dem Teufel auf der linken. Jede Karte zeigt eine inthronisierte männliche Gestalt mit zwei Ergebenen zu Füßen. Der Hohepriester repräsentiert die äußere Form der religiösen Sitten, Dogmen und die Herrschaft des rationalen geistlichen Gesetzes, während der Teufel die Herrschaft der inneren Instinkte und der animalischen Triebe darstellt.

Der Herrscher repräsentiert die Errichtung eines materiellen Reiches auf der Grundlage der Werte der menschlichen Gesellschaft; sein Gegenüber ist Der Turm, das Symbol der Zerstörung solcher Gebäude durch die Kräfte des Unbewußten.

Die Hohepriesterin stellt die lunare Göttin der intuitiven Weisheit dar, ein positiver Aspekt der Anima. Die gegenüberliegende Karte ist der Mond, der Weber der Täuschung, die negative Anima.

Der Wagen zeigt den Erfolg und den Optimismus der Jugend, die durch die komplementäre Karte des Todes negiert wird.

Die zwei übereinanderliegenden Karten im Zentrum der Auslegung sind bezeichnend in ihrer Ähnlichkeit. Das Rad des Schicksals und Die Welt tragen beide Darstellungen in Mandalaform. Aber die Gestalten auf der ersten Karte sind weniger menschenähnlich und befinden sich außerhalb des Rades, während die einzige Gestalt auf der zweiten Karte eher menschliche Züge trägt und eine zentrale Position auf der Karte, nämlich an der Radnabe einnimmt.

Viele solcher Verwandtschaften und Gegensätze fallen auf, wenn die Karten betrachtet und verglichen werden. Wie schon vorher festgestellt, ist der Tarot zugleich komplex und subtil in seinen Anspielungen und Korrespondenzen, und die hier gegebenen Interpretationen sind nur eine Auswahl von Möglichkeiten, die den Karten innewohnen.

Im folgenden Kapitel wird jede der zweiundzwanzig Karten separat erläutert und kommentiert.

4. Die großen Arkana

Jede der zweiundzwanzig Karten der großen Arkana umfaßt eine Fülle an Symbolik und möglichen Bedeutungen. In diesem Kapitel können nicht alle der möglichen Varianten analysiert, aber es sollen doch einige offensichtliche Anspielungen erhellt werden.

So enthalten die meisten Karten Bezüge zu klassischen Mythen und Legenden oder zu biblischen Darstellungen. Einige scheinen spezifisch mittelalterliche Vorstellungen zu spiegeln, während andere Parallelen zu anderen Kulturen in anderen Zeiten aufweisen. Ein paar Karten könnten sich auf zeitgenössische Ereignisse oder Personen beziehen, oder sie beinhalten alchemistische und ketzerische Symbole.

Die Abfolge der Karten kann sicherlich psychologisch als Suche des Menschen nach Erleuchtung gedeutet werden; bei umgekehrter Lage können sie vor Gefahren und Hindernissen auf diesem Pfad warnen.

Schließlich hat jede Karte bestimmte Bedeutungen, die in der Kunst der Tarot-Divination benutzt werden. Die Technik der Divination ist in Kapitel 8 behandelt, aber die Bedeutungen der großen Arkana werden bereits hier angeführt, da sie in vielen Fällen einen besonderen Hinweis auf die Wichtigkeit geben.

0 Der Narr

Traditionell ist diese Karte unnumeriert oder wird gelegentlich mit Null bezeichnet. Sie zeigt einen Mann in der Kleidung eines Hofnarren. Der Narr war eine bekannte Figur im Europa des Mittelalters und der Renaissance. Obwohl einige unter ihnen Bucklige, Zwerge oder Kretins waren, so gab es darunter doch hochbegabte Akrobaten, Sänger oder Tänzer, die eine besondere Stellung bei Hofe innehatten.

Dem Narren war es oft erlaubt, seinen Herren zu verspotten oder ihm deftige Streiche zu spielen, die kein anderer wagen durfte. Ein besonders begabter Narr konnte einen Ruf erlangen, der weit über die Grenzen des Reiches hinausging. Gelegentlich erreichten einzelne

Der NARR

internationales Ansehen, so daß sie weit reisen konnten, um ihre Dienste Königen, Prinzen und Baronen anzubieten.

Der im Tarot abgebildete Narr hat aber wohl nicht eine derartig hohe Stellung.

In vielen alten Kartensätzen ist seine Kleidung verschlissen, und auf seinem Weg schnappt ein Hund nach seinen Beinen. Über der Schulter trägt er einen Stock, an dessen Ende ein Bündel hängt, und die Hand hält einen kräftigen Stab. Ursprünglich kann das Bündel eine aufgeblasene Schweinsblase gewesen sein, eine Art einfacher Ballon, der zur Ausstattung des Narren gehörte.

Manchmal wird er auch einem bunten Schmetterling folgend dargestellt, der vor seinem Gesicht tanzt. In dem Falle könnte das Bündel ein Schmetterlingsnetz sein, mit dem der Narr hofft, seine Beute zu fangen.

Der Archetyp des weisen Narren ist in allen Kulturen der Welt verbreitet. Sein Mangel an Erfahrung mit gesellschaftlichen Umgangsformen mag oberflächlich betrachtet als nachteilig erscheinen. Aber in Wirklichkeit ermöglicht ihm gerade dies, seinen Geist gegenüber Erfahrungen, die dem gewöhnlichen Menschen versagt sind, nicht zu verschließen.

Er ist ein Vagabund, der am Rande des geregelten Lebens seinen eigenen Weg geht, indem er Regeln und Tabus mißachtet, mit denen ihn die Menschen in Schach halten wollen. Er ist der Verrückte, der den Keim des Genies in sich trägt, derjenige, der von der Gesellschaft verachtet, jedoch als Katalysator diese Gesellschaft verändern wird. Der Narr ist der *Grüne Mann*, Vorbote eines neuen Lebenszyklus, der Herold neuen Lebens und neuer Anfänge. Er kann gedeutet werden als unschuldiger Geist, der sich gerade inkarnieren will, das kleine Kind, das noch die Gefahren in der Welt kennenlernen muß; oder als Erleuchtung Suchender, der den schwer zu fassenden Schmetterling der Intuition verfolgt in der Hoffnung, daß dieser ihn zu den Mysterien führen wird. Die Stimmung ist freudig und sorglos, deutet aber schon auf die anstehenden Fallstricke und Prüfungen.

Er repräsentiert das Chaos vor der Vernunft, den reinen Impuls, der weder gut noch schlecht ist. Symbolisch kann der Narr sowohl Anfang als auch Ende sein, weshalb er auch nicht durch eine Numerierung eingegrenzt wird und am Anfang oder Ende der 22-Karten-Folge erscheinen kann.

Wenn er so wie hier am Anfang steht, kann er in der psychologischen Interpretation das neugeborene Kind repräsentieren, das sich noch nicht seiner eigenständigen Wesenheit bewußt ist. Er ist noch kein Individuum und deshalb noch nicht verantwortlich für seine Taten als einzelner.

Er ist auf seiner Reise ins Leben dargestellt, entzückt von dem leuchtenden Schmetterling der Sinneserfahrung und trotz aller Warnungen unbekümmert angesichts der bevorstehenden Verwicklungen. Sein Bündel enthält die schwer zu fassenden Erinnerungen an das, was er hinter sich läßt, Erinnerungen, die ihn immer weitertreiben werden auf seiner Suche, um das wiederzuerlangen, was er gerade verliert – seine uranfängliche Unschuld.

In einigen Tarot-Varianten hält er eine kleine Blume, die seine Seele darstellt, in der einen Hand. Sie ist der Anteil des Göttlichen, das er durch alle Prüfungen hindurch mit sich tragen wird.

Der negative Aspekt zeigt den Narren als Joker, der sich auf seiner Jagd nach extravaganten Vergnügungen nicht darum kümmert, welche Unordnung und Zügellosigkeit er in seiner Spur zurückläßt. Das ungezügelte Glück des Augenblicks ist sein einziges Bestreben.

Divinatorische Bedeutung

Aufrecht: Deutet auf einen unerwarteten und nicht eingeplanten Einfluß hin, der aber eine gewaltige Kraft auf die anstehenden Vorgänge ausübt. Er ist eine Herausforderung, der die Situation zugunsten des Fragestellers verändern kann, wenn er richtig gehandhabt wird. Eine wichtige Entscheidung oder Wahl muß getroffen werden. Wenn die Karte in einer guten Position zu Schicksalskarten steht, dann kommt es zu einer weisen Entscheidung, und die Beharrlichkeit wird belohnt.

Ist die Karte von Unglückskarten umgeben, so kann sie bei ungünstiger Position vor einem drohenden Irrtum warnen. Der Narr kann auch auf den bevorstehenden Beginn eines neuen Schicksalszyklus hindeuten oder sich auf den Personentypus eines kreativen Träumers beziehen.

Umgekehrt: Deutet auf größere Probleme, die durch rücksichtslose und impulsive Handlungen entstehen können.

I Der Magier

Ein junger Mann mit einem breitkrempigen Hut steht hinter einem Tisch, auf dem eine Vielfalt von Instrumenten oder Werkzeugen ausgelegt ist. In einigen Versionen sind es die Serienzeichen der kleinen Arkana – Kelch, Stab, Schwert und Münze – während in anderen eine sonderbare Auswahl von Schuhmacherwerkzeug abgebildet ist. Die Karte wird unterschiedlich betitelt: der

Magier, der Spielmann, der Zauberer oder Schuhmacher. Wahrscheinlich war es ursprünglich ein reisender Unterhaltungskünstler wie der Narr, der allein oder mit einer Truppe von Schauspielern und Musikern von Dorf zu Dorf zog, Schaustücke darbot, wahrsagte und Quacksalbermedizin verkaufte. Oft wurden derartige Menschen von der Obrigkeit mit Argwohn betrachtet, da sie als Vermittler von unorthodoxen Lehren und ketzerischen Ideen häufig in einer unsicheren Existenz lebten.

Diesen Charakter – halb Scharlatan, halb Weiser – wählten die Schöpfer des Tarot, um die Folge der numerierten Karten anzuführen. Er ist der Nummer eins zugeordnet, die Zahl der positiven Handlung, Individualität und Kreativität. Der Magier ist stark, selbstbewußt und unabhängig.

Er kann vielleicht als Prometheus gedeutet werden, der den hohlen Fenchelstiel ergreift, in dem er das Geschenk des Feuers vom Himmel herabbringt, nachdem er es den Göttern gestohlen hat. Der Charakter des Prometheus aus den griechischen Mythen scheint dem Magier des Tarot sehr ähnlich zu sein; er war schlagfertig und schlau wie die Götter Hermes und Loki oder der indianische Volksheld Coyote, und er war auch eigenwillig und selbstbewußt, wie die Herausforderung des Zeus zeigt.

Psychologisch könnte sich der Mythos des Prometheus auf den Augenblick beziehen, als der Mensch erstmals das Selbstbewußtsein erlangte, indem er es dem Unbewußten stahl und sich auf diese Weise selbst die Attribute des Göttlichen aneignete.

Dadurch nahm er auch die göttlichen Verantwortungen auf sich; er war von nun an für seine Handlungen selbst verantwortlich. Aber durch die Inbesitznahme der Welt verlor er die Verbindung zu seiner Seele. Seitdem verdeckt das Licht des Ego die mildere Ausstrahlung des Geistes. Der Rest des Tarotzyklus spiegelt die Gefahren und Versuchungen wider, denen der Magier auf der langen Suche begegnen muß, um das Verlorene wiederzuentdecken. Das heilige Feuer des Bewußtseins trägt er auf seinem Wege mit sich.

Nach dem Narren kennzeichnet Der Magier das erste Stadium der bewußten Existenz, das Auftauchen des Selbstbewußtseins des Kindes und den Beginn seiner Reise durchs Leben. Seine erste Aufgabe wird sein, sich mit seiner Umwelt auseinanderzusetzen; er muß lernen, seine elementaren Waffen – seine physischen Sinne – mit Kraft und Autorität zu handhaben, bevor er weitergehen kann.

Traditionell ist der Magier der Adept, der alle Facetten

seines Daseins vom physischen bis zum göttlichen, in ein bewußtes Gleichgewicht gebracht hat, und deshalb ist er fähig, göttliche Macht auf der materiellen Ebene zu manifestieren. Das Szepter, das er hochhält, ist sein flammender Wille, mit dem er die vier Elemente beherrscht, die symbolisiert durch die vier Hilfsmittel – das Schwert (Luft), der Kelch (Wasser), der Stab (Feuer) und die Münze (Erde) – auf dem Altar vor ihm liegen.

Das Symbol über seinem Kopf kennzeichnet die Anwesenheit des Heiligen Geistes. Deshalb geht seine Inspiration von seinem eigenen wahren Selbst aus, dem Funken des Göttlichen in ihm. Er handelt mit größtem Vertrauen, wissend, daß alles, was er will, in Übereinstimmung mit dem Universalen Willen stehen muß. Er ist die bewußte Verbindung zwischen der Welt des Geistes und der Welt des Menschen.

Die Unterkleidung des Magiers ist weiß, um seine innere Reinheit und Ausgeglichenheit zu symbolisieren; sein äußeres Gewand und Gürtel sind scharlachrot und weisen auf das Feuer seiner zielgerichteten Aktivität hin. Die Lilien zu seinen Füßen symbolisieren sein Streben, die Rosen die Erfüllung.

Er ist der Lehrer, der erscheint, wenn der Schüler vorbereitet ist; der Meister der Weisheit, der den Narren auf den verborgenen Wegen der Seele belehren wird.

In weltlichen Bezügen ist er der Mensch, der seinen Intellekt und seine Energie benutzt, um die Umwelt zu erforschen und umzuformen. Er ist nicht zufrieden mit den bestehenden Dingen, sondern fragt unaufhörlich nach dem Sinn und sucht Alternativen.

Nicht fähig, die gegebenen Erklärungen über die Natur und das Ziel des Lebens anzunehmen, muß er selbst danach streben, die Geheimnisse des Daseins zu entdecken.

In diesem Aspekt ist er der ausziehende Held auf der Suche nach Weisheit, der Suchende am Tor des verborgenen Tempels.

Bei umgekehrter Lage wird der Magier zum Taschenspieler; ein Schwindler, der mit dem Leben zaubert, und sich über die Wirkung seiner cleveren Taschenspielerei auf die niederen Sterblichen freut. Was er sucht, ist nicht Weisheit, sondern Macht. Wenn es ihm gelingt, die Elementarkräfte zu beschwören, wird er ein Zauberer – Werkzeug jener dämonischen Kräfte, die er beherrschen wollte.

Divinatorische Bedeutung:

Aufrecht: Deutet auf Willensstärke, Erweiterung der Persönlichkeit, Bereitschaft, Risiken auf sich zu nehmen, Initiative, die zu Erfolg und Triumph führen wird; auch Anpassungsfähigkeit und Vielseitigkeit, Verhandlungsgeschick und Selbstvertrauen. Die Karte kann auf den Beginn eines wichtigen neuen Zyklus für den Fragesteller weisen.

Umgekehrt: Willensschwäche, Nervenversagen, Furchtsamkeit und Zögern, was weitere Probleme bewirkt; eine Unfähigkeit, sich der Realität zu stellen.

II Die Hohepriesterin oder Päpstin

Die Hohepriesterin ist als weise Frau dargestellt, gekleidet in kunstvolle Gewänder und eine schwere Krone ähnlich der des Hierophanten. Sie hält ein offenes Buch oder eine Schriftrolle auf ihrem Schoß, und ein Schleier oder Vorhang befindet sich hinter ihr. In einigen Varianten dieser Karte sitzt sie zwischen zwei Säulen.

Die Legende der Päpstin scheint zuerst in Europa gegen

Ende des 12. Jahrh. aufgetaucht zu sein und wurde zunehmend bekannt, bis sie zur Zeit der Reformation ihren Höhepunkt erreichte.

Nach dieser Geschichte wurde sie in Mainz geboren, verliebte sich in einen Engländer und reiste mit ihm, als Junge verkleidet, nach Athen und Rom, wo sie unter dem Namen Johannes Angelicus studierte.

Aufgrund ihres Talents und ihrer Intelligenz bestieg sie schließlich den päpstlichen Thron unter dem Namen Johannes VIII. Man nimmt an, daß sie von 854 bis 856, zwischen den Päpsten Leo IV. und Benedict III., erfolgreich regierte. Unglücklicherweise wurde sie jedoch schwanger und starb bei der Geburt ihres Kindes während einer feierlichen Prozession in der Nähe des Colisseums.

Die HOHEPRIESTERIN

Diese seltsame Geschichte entwickelte sich wahrscheinlich aus halbwegs erinnerten, heidnischen Mythen in Verbindung mit ketzerischen Spekulationen.

Bei den Katharern und anderen mittelalterlichen Sekten waren Frauen zu den höchsten Ämtern zugelassen.

In der Tarotfolge ist Die Hohepriesterin der Zahl zwei zugeordnet, die Gegengewicht und Relativität symbolisiert, den Dualismus der gegensätzlichen Paare, die sich aus der Zahl eins oder der Einheit entwickeln. Sie repräsentiert die Beziehungen zwischen den Polen, welche alles Geschehen bewirken; in der menschlichen Sphäre symbolisiert sie die Erfahrung des Menschen als individuelle Existenz – das von der Umgebung getrennte Ego. Sie ist die Zahl der Zeit im Gegensatz zur Zeitlosigkeit, so wie die Schöpfung dem Schöpfer und das reflektierte Licht des Mondes dem direkten Licht der Sonne entgegengesetzt sind. Demnach symbolisiert Die Hohepriesterin die Verkörperung der Mondgöttinnen der Vereinigung und der Zeugung.

In einigen Tarotversionen ähnelt die Erscheinung der Hohepriesterin der ägyptischen Göttin Isis oder der Mondgottheit Hathor. Hathor war die Führerin in ein geheimes Land – das Land der Toten, daher stammt ihr Titel »Königin des Westens«. Ihr Schutz wurde im Namen der Toten und Sterbenden angerufen. Im großen Tempel der Hathor bei Denderah wurde ein Schrein entdeckt, der dem Hundsstern Sothis, d. i. Sirius, geweiht war, und auch der Hund war traditionell ein Führer ins Land der Toten. Seltsamerweise ist einer der esoterischen Titel der Hohepriesterin »Priesterin des Silbernen Sterns«.

Von ihr heißt es, daß sie die große weibliche Kraft ist, die die wahre Quelle des Lebens beherrscht, indem sie alle energetischen Kräfte in sich sammelt und bereithält bis zum Augenblick der Befreiung.

Deshalb sitzt sie zwischen den beiden Säulen der positiven und negativen Kraft, auf die das Universum gegründet ist, und absorbiert und vereint die entgegengesetzten Energien.

Sie ist die passive Verbindung zwischen der physischen und der geistigen Ebene; durch sie kann Gott im Herzen der Menschen erkannt werden, daher ihr Titel »Die innewohnende Herrlichkeit«.

Da die unausgesprochenen Worte der Initiation nur durch die Intuition gehört werden können, ist es die erste Aufgabe des Narren, die geheime Sprache der Hohepriesterin zu lernen, damit er schließlich die Worte in ihrem Buch der Weisheit lesen kann. Das Buch oder die Schriftrolle auf ihrem Schoß repräsentiert die Geheimnisse des verborgenen Tempels, dessen Wächterin sie ist. In der kabbalistischen Sprache wird sie als Shekhinah bezeichnet, die innewohnende Herrlichkeit, die herabsteigt, um den Tempel zu bestrahlen, wenn die beiden Säulen in ein perfektes Gleichgewicht gebracht werden. Sie ist der sichtbare Widerschein der göttlichen Strahlung, die kein Mensch erblicken kann. Als solche ist sie die Überbringerin der Inspiration und die Quelle allen intuitiven Wissens, das Medium, durch das sich das Göttliche auf der Erde manifestiert.

Psychologisch symbolisiert sie eine der Brücken, die die beiden Säulen des Bewußten und Unbewußten verbinden, die Eingeberin von Träumen und Visionen, die uns den Fortbestand des Lebens über die bewußten Grenzen hinaus enthüllen.

Der Schleier hinter ihr verhüllt die Eingangstür zu den inneren Welten der Psyche; sie erlaubt dem Bewußtsein hineinzugehen und befähigt die Kräfte des Unbewußten, sich außerhalb zu manifestieren. Kreative Inspiration und intuitive Offenbarung sind Kräfte, die nur fließen können, wenn der Weg frei ist.

Den Vorbereiteten enthüllt sie sich als Dame des Lichts, die mit den Strahlen ihres sanften Mondlichts den verborgenen Weg weist, und freigebig ihren Schutz gewährt. Unter diesem Aspekt symbolisiert sie die Göttliche Inspiration, Sophia, die gnostische Göttin der Weisheit.

Die Hohepriesterin kann auch als Aspekt des weiblichen Elements im Mann gedeutet werden, die Anima. Dies ist ein Urbild im männlichen Unbewußten, das keineswegs eine einzelne Frau darstellt, sondern auf verschiedene Frauen im Laufe des Lebens projiziert wird; es verleiht ihnen eine magische Kraft, die entweder Inspiration oder Zerstörung bewirken kann.

Der negative Aspekt dieses Bildes zeigt sich, wenn Realität und Stärke des inneren weiblichen Elements nicht erkannt oder mißverstanden werden. In dieser Erscheinung wird die Göttin der Weisheit zur *Femme Fatale*, Hekate, Göttin der Unterwelt, und Lilith, Beherrscherin der Dämonen, die Weberin von Illusionen, die ihre Liebhaber vernichtet.

Divinatorische Bedeutung

Aufrecht: Enthüllung verborgener Dinge, die Kraft und Hoffnung bringen. Intuitive Einsicht in Probleme bewirkt neue Lösungen. Diese Karte kann auf den Einfluß einer Frau deuten, die weise oder inspiriert ist. Für den Künstler oder Erneuerer stellt sie die Quelle des kreativen Talents dar.

Umgekehrt: Warnt vor Schwierigkeiten aufgrund emotionaler Instabilität. In der Auslegung für einen Mann

kann sie den schlechten Einfluß einer Frau auf ihn repräsentieren, von der er emotional abhängig ist. Deutet auch
auf Probleme aufgrund mangelnder Voraussicht oder das
Widerstreben, einen vernünftigen Rat anzunehmen.

III Die Herrscherin

Eine matronenhafte Frau sitzt im Freien. Sie ist gekrönt
und hält ein Szepter. Ferner ist ein Wappenschild, oft mit
einem Adler als Emblem, abgebildet. Sie wiegt den Schild
im Arm, oder er steht zu ihren Füßen. Sie wirkt erfolgreich und gelassen.
Ob diese Darstellung irgendeine historische Anspielung
beinhaltet, ist nicht bekannt. Obwohl man annehmen
könnte, daß sie einer der berühmten Kaiserinnen aus

Byzanz oder einem Mitglied der Hohenstaufen-Dynastie nachempfunden wurde, also Personen, die einen bedeutsamen Einfluß auf die mittelalterliche Geschichte ausgeübt haben.

Die Herrscherin ist der Drei zugeordnet, die Zahl der Synthese und Harmonie. Sie repräsentiert das Lösen der dualistischen Spannung durch die Geburt eines dritten, vereinigenden Prinzips.

Die Drei ist deshalb die Zahl der Kindesgeburt, des neuen Lebens, der Befruchtung und der materiellen Produktivität. Während die Zwei auf die Ausdehnung der Zeit von der Vergangenheit bis in die Zukunft weist, fügt die Drei die Dimension des Raums hinzu, was die Erschaffung von Erscheinungen in der Zeit symbolisiert.

Die Herrscherin ist die große Mutter-Göttin, die Quelle alles Lebenden. Sie verkörpert die überreichlichen schöpferischen Kräfte der Natur, verbunden mit dem gütigen weiblichen Wissen der Königin des Lebens. Ihre Belange liegen im wesentlichen auf der physischen Ebene. Sie ist die Herrscherin des Paradieses auf Erden, und ihre fruchtbringende Gestalt enthüllt ihre Rolle als Beschützerin der Kindesgeburt und Mutterschaft.

Sie ist ein Nachkomme der Erdgöttinnen, wie der griechischen Demeter oder der sumerischen Ishtar, Gottheiten, die wahrscheinlich zeitlich dem männlich ausgerichteten Pantheon der klassischen Antike vorausgingen. Sie waren die Beschützerinnen der Mysterienkulte, wie die zu Eleusis, wo die heiligen Dramen vom Tode und der Erneuerung des Lebens zum Wohle der Eingeweihten abgehalten wurden. Eleusis war dem Mythos der Korngöttin Demeter und deren Tochter Persephone geweiht, welche als Braut des Hades oder Pluto in die Unterwelt entführt worden, und der es nur erlaubt war, für acht

Monate im Jahr in die oberen Regionen zurückzukehren, damit es wieder Sommer wurde und das Leben fortbestehen konnte.

Demeter und Persephone waren die Göttinnen des Lebens und des Todes; sie sind eine Parallele zu den Tarotbildern Die Herrscherin und Die Hohepriesterin, die helle und die dunkle Seite der Schöpfung.

Die Macht der Herrscherin ist passiv, weiblich, nicht die aktive intellektuelle Kontrolle, wie sie durch den Magier ausgeübt wird. Ihre Waffen sind Emotion und Gefühl, nicht das Denken.

In der geistigen Sphäre repräsentiert sie einen Glauben, der aus dem Trost der materiellen Dinge und einer gefühlsmäßigen Empfänglichkeit für das Wirken der Natur entspringt. Sie bewirkt geistiges Erwachen durch die Hingabe an physische Arbeit und Gestaltung, und wie Die Hohepriesterin fungiert sie als eine Figur auf den Pfaden, die in tiefere Ebenen des Bewußtseins führen.

Diesen Aspekt der Herrscherin verdeutlicht ihr Schild, der als Wappentier einen Adler trägt. Der Adler ist die in der Natur inthronisierte Seele.

Hier begegnet der nach Weisheit Suchende seiner zweiten Herausforderung. Er muß lernen, das Wirken des Himmels in den irdischen Dingen zu erkennen, und zu der Erkenntnis gelangen, daß das materielle Universum nichts Geringeres ist als das leuchtende Gewand des Göttlichen.

In der irdischen Welt repräsentiert sie das Gefühl. Die Funktion des Gefühls bezieht sich hier auf die Art der Entscheidungsfindung. Entscheidung wird hier nicht als Schlußfolgerung aufgrund eines Gedankenprozesses verstanden, sondern als intuitives Aussondern und Zuordnen von Wertigkeiten zu den Dingen. Diese Fähigkeit ist bei Frauen im allgemeinen höher entwickelt als bei Männern.

Die Herrscherin ist die höchste Verkörperung des Gefühlstyps. Sie beherrscht ihr komplexes Reich durch ein fein ausgewogenes Unterscheidungsvermögen, das auf ihrem Sinn für Werte basiert. Die Frau, die einen entwickelten Sinn für das Gefühl hat, zeigt dies in ähnlicher Weise; sie ist eine faire und einfühlende Mutter, die sich dem Wohle ihrer Familie widmet, und sie ist ein warmherziges und hilfreiches Mitglied der Gemeinschaft. Sie ist geschickt im Umgang mit Menschen und aktiviert das Beste in ihnen. Sie zeigt ein tiefes Verständnis für ihre Probleme und Schwierigkeiten.

Die Herrscherin drückt sich auch im männlichen Geschlecht aus. Wenn es zugelassen wird, daß ihre Gaben das Bewußtsein bereichern, wie die goldenen Früchte des Füllhorns, zeigt sie sich als schöne Dame, die ihre Anbeter bis zur Hingabe begeistert, oder deren Bild ritterliche Gedanken in den Herzen der Männer erzeugt.

Wie bei der Hohepriesterin wird der negative Aspekt der Herrscherin oft durch das männliche Geschlecht enthüllt. Die erste Erfahrung mit Frauen macht der junge Mann mit seiner Mutter, und er projiziert auf sie alle Attribute der Herrscherin. In einigen Fällen ist diese Anfangsprojektion so stark, daß sie sich durch das ganze Leben hindurchzieht, durch sie werden alle folgenden Beziehungen zu Frauen geprägt und verzerrt. Der Verstand befindet sich in einer emotionalen Zwangsjacke, die eine Weiterentwicklung verhindert. Unter diesem Aspekt wird die Herrscherin zu Kali, der dunklen Göttin, die ihre eigenen Kinder verschlingt.

Divinatorische Bedeutung
Aufrecht: Fruchtbarkeit, Fülle, Ergiebigkeit, Mutterschaft. Deutet auf häusliche Stabilität, mitfühlende Aufrichtigkeit, mütterliche Fürsorge und Schutz. Erquikkung und Inspiration durch den Kontakt mit der Natur. Ermutigung und ein Gefühl der Sicherheit durch die Freuden der Sinne. Ein Symbol des Wachstums, die Errichtung einer soliden Grundlage für zukünftigen Fortschritt.
Umgekehrt: Umwälzungen in der Familie, mütterliche Tyrannei oder erdrückender Schutz. Sterilität oder eine unerwünschte Schwangerschaft. Psychische Entfremdung. Armut.

IV Der Herrscher

Der Herrscher sitzt auf einem Thron im Freien. Er trägt eine Krone und in einigen Tarotversionen eine Rüstung. Er hält ein Szepter, und an der Seite seines Thrones befindet sich ein Schild mit dem Wappenbild eines Adlers.

Dies ist die Karte Vier in der Folge. Vier ist die Zahl der konkreten Organisation, die unerschütterliche Logik der weltlichen Gesetze. Sie deutet auf Vernunft, Willenskraft und die Welt der Menschheit auf der Erde.

Der Herrscher ist der Begleiter der Herrscherin. Er repräsentiert auch das Schöpferische, aber das Schöpferische des Willens, nicht der Gefühle. Er symbolisiert eher Macht als Liebe.

Mythologisch stammt er von Vaterfiguren ab wie dem griechischen Gott Uranus, Herr des Himmels. Uranus Vermählung mit seiner Gefährtin Mutter Erde vereinigte

Der HERRSCHER

die beiden Hälften des kosmischen Eies und gebar das
Universum aus dem Chaos.

Er ist das Symbol der kriegerischen patriarchalischen
Gesellschaften, die die primitiven Ackerbaukulturen der
Großen Mutter verdrängten.

Historisch kann er mit den Byzantinischen Kaisern oder
dem Hohenstaufenkaiser Friedrich I. verglichen werden,
der eine der überragenden Gestalten in der ersten Hälfte
des 13. Jahrh.s in Europa gewesen war.

Das Szepter ist ein Symbol der männlichen Macht, die
schöpferische Energie, mit der er sein Reich errichtet und
aufrechterhält. Die goldene Kugel zeigt sein rationales
Verständnis der Gesetze auf der physischen Ebene, das
ihn befähigt, die Welt um sich herum zu organisieren und
Regeln aufzustellen, nach denen andere Menschen leben

können. Der kubische Thron, auf dem er sitzt, repräsentiert seine Herrschaft über rohe Gewalt und ungeordnete Materie.

Er trägt eine schwere Krone zum Zeichen seiner weltlichen Autorität und seines Sieges auf der materiellen Ebene, aber das dürre Land, in dem er sitzt, weist auf die Sterilität der männlichen Welt hin, die sich allein auf Macht gründet und die sanfteren weiblichen Tugenden ausschließt, die durch seine Gattin, die Herrscherin, veranschaulicht worden sind.

Die Bedeutung des Herrschers in der geistigen Welt wird durch das Wappenbild auf seinem Thron oder Schild gezeigt. Der Adler soll die durch Disziplin und kontrollierte Willensstärke gereinigte menschliche Seele symbolisieren. Der Geist kann nur Freiheit erlangen, wenn er sich durch die Widrigkeiten des Lebens kämpft und über die Umstände triumphiert.

In der irdischen Welt ist der Herrscher derjenige, der durch intelligenten Gebrauch seiner Fähigkeiten die physischen Beschränkungen überwunden hat. Er meistert die Welt um sich herum durch ständige Anstrengung und unermüdliche Zähigkeit. Er gründet alle seine Entscheidungen auf seinen Verstand; jede Erfahrung nimmt er für bare Münze, und er ist in starkem Maße ein Produkt seiner Umgebung.

Sein großes Vertrauen auf greifbare Fakten und seine kalkulierte Art, danach zu handeln, machen ihn zum Gegenstand allgemeiner Bewunderung, und man glaubt von ihm, daß er ein logischer und bewundernswert ausgeglichener Mensch ist, dem man vertrauen kann, zur rechten Zeit das Richtige zu tun.

Aber Sinneseindrücke werden vom Gehirn in einer zufälligen Weise aufgenommen, und die Bedeutung, die man

einem Eindruck zu einem bestimmten Zeitpunkt bei-
mißt, hängt von vielen Faktoren ab. So operiert der
Herrscher hauptsächlich spontan und wird bald unsicher,
wenn er zur Lösung einer größeren Frage herangezogen
wird, die feinsinnigere Qualitäten erfordert.

So wie das männliche Kind seine Mutter mit den Attribu-
ten der Herrscherin ausstattet, betrachtet das weibliche
Kind seinen Vater als den Herrscher. Wie das Bild der
Mutter ist auch das des Vaters eine ungeheuer kraftvolle
Gestalt, die das gesamte Leben einer Frau beeinflussen
kann. Viele Frauen gehen durch das Leben, indem sie
Dinge tun, von denen sie annehmen, daß ihr Vater sie
gutgeheißen hätte; sie äußern Meinungen, die auch ihr
Vater gehabt hätte, und beziehen all dies auf den »recht-
schaffenen gesunden Menschenverstand«.

Der Herrscher als Vatergestalt hat trotz allem eine positive Seite: Er kann einer Frau einige der kraftvollen
männlichen Eigenschaften geben, die im Daseinskampf
notwendig sind, – ein starker Wille, Mut und Furcht-
losigkeit. Auf der einen Seite kann er ein unbeugsamer
Tyrann sein, auf der anderen ein mächtiger Verbündeter.
Aber man muß auf seine Stärke vertrauen, nicht auf sein
Urteil.

Divinatorische Bedeutung
Aufrecht: Willensstärke, Selbstkontrolle, Eroberung,
Autorität und Ehrgeiz. Wissen aufgrund von Erfahrung,
kreative Energie, Vitalität und alle kriegerischen Eigenschaften. Eine mächtige Person mit Einfluß, der dem
Fragesteller zur Verfügung steht.
Umgekehrt: Unreife oder Schwäche, Unterwürfigkeit
gegenüber Autoritäten, Verlust einer einflußreichen Position, Mangel an Ehrgeiz.

V Der Hierophant (Hohepriester)

Der Hierophant ist gekrönt und mit einer Robe bekleidet. Mit der einen Hand segnet er zwei Priester, die vor
ihm knien, mit der anderen hält er ein dreifaches Kreuz.
Die beiden Geistlichen tragen entweder eine Tonsur oder
breitkrempige runde Hüte. In einigen Tarotversionen ist
der Hierophant bärtig, in anderen glattrasiert.

Der Papst (Hohepriester) war natürlich eine bekannte
Figur in der mittelalterlichen Gesellschaft. Für die
Schöpfer der Tarotbilder muß es daher riskant gewesen
sein, sich die Freiheit zu erlauben, ihn auf einer ihrer
Karten abzubilden; es sei denn, die Karten wären zu
einer Zeit entstanden, als der Papst nicht in Italien resi-
dierte.

Nachdem Papst *Bonifazius* VIII. im Jahre 1302 in Anagni von den Truppen Phillips IV. von Frankreich gefangengenommen war, wurde der päpstliche Sitz nach Avignon verlegt und blieb dort bis 1378.

Ist hier ein bestimmter Papst dargestellt, oder ist es einfach ein Symbol geistlicher Autorität oder gar ein klug verkleideter nichtchristlicher Priester? Die Identität des Papstes im Tarot blieb bisher ungeklärt, allerdings spricht viel für die letzte Version.

Die symbolische Rolle des Papstes ist dagegen klarer. Er ist der Fünf in der Tarotfolge zugeordnet, die Zahl der geistigen Inspiration, des kreativen Gedankens, des moralischen Gesetzes und der intellektuellen Synthese. Sie repräsentiert die Abrundung des Lebens. Die vier kardinalen Punkte der räumlichen Organisation sind in einem gemeinsamen Mittelpunkt vereint.

Genau wie Der Herrscher den Gemahl der Herrscherin darstellt, so ist Der Hierophant der männliche Gegenpart zur Hohepriesterin. Wie der römisch-katholische Papst, dessen Gestalt er ähnelt, ist er der Stellvertreter Gottes auf Erden, der Hirte seiner Herde, der für sie die Schlüssel bewahrt, um die Tore von Himmel und Hölle zu öffnen. Der offizielle Titel des Papstes, Pontifex maximus summus, kommt von dem lateinischen *pontifex*, das Brückenbauer bedeutet, und der Papst im Tarot ist die vierte Hauptbrücke, die die äußere Welt der Sinne mit der inneren Welt des Geistes verbindet.

Er ist der Bewahrer der orthodoxen Religion und der innerhalb der Gesellschaft akzeptierten Verhaltensnormen. Die Säulen hinter ihm symbolisieren die Stützen der etablierten Kirche, deren Wächter und Sprecher er ist. Er belehrt die Menschen in der Welt über das Jenseitige. Seine Lehren sind praktisch und verständlich, und seine

Ehrenhaftigkeit wird durch das Tragen von Handschuhen symbolisiert.

Mit den folgenden Worten beschreibt C.G. Jung treffend diese Tarotgestalt: »Er ist der ›lehrende Geist‹, der den Träumer in den Sinn des Lebens einführt und dessen Geheimnisse nach den Lehren der Alten erklärt. Er ist ein Vermittler der tradierten Weisheit.«

Seine goldene Tiara ist das Symbol seines Wissens und Verstehens der physischen, emotionalen und geistigen Sphären. Auf einigen Versionen ist der Krummstab, das Zeichen der geistlichen Macht – er ist der geistige Mentor oder der gute Hirte. Die Priester knien zu seinen Füßen, um seine Segnungen und Unterweisungen zu empfangen; sie repräsentieren das Kontemplative und Aktive.

Die Fähigkeit des Hierophanten zu ernstem und tiefgründigem Denken kann neue Ideen und originelle Einsichten erzeugen, obwohl diese streng in einen traditionellen Rahmen eingebunden sind. Durch seine Inspiration werden die Verbindungen des Menschen zu Gott ständig erneuert und neu interpretiert, und so erhält jedes Zeitalter seine eigenen frischgestrichenen Wegweiser.

Auf der weltlichen Ebene repräsentiert der Hierophant den Menschen, dessen Welt sich durch Ordnung, Sauberkeit und sorgfältige Zuordnungen auszeichnet. Er lebt sein Leben nach einem sorgsam ausgearbeiteten Schema und hat eine ausgesprochen starke Abneigung gegenüber allen, die sich keine klaren Ziele setzen und sich so »durchs Leben wursteln«.

Er geht davon aus, daß alles, was für ihn richtig ist, für jeden anderen gleichermaßen gilt, und er betrachtet es als seine Verpflichtung, ihn darauf hinzuweisen. Seine Haltung moralischer Überlegenheit erschwert ein Zusammenleben mit anderen Menschen. Seine Philosophie mag viele wohlmeinende und progressive Aspekte enthalten, doch mangelt es ihm häufig an Wärme, Spontaneität und allgemeiner Menschlichkeit.

In seinem negativen Aspekt kann der Hierophant auch der intellektuelle Unterdrücker sein, der vorgeht gegen Ketzerei und jegliche Abweichung von anerkannten Dogmen. Umgekehrt kann er selbst zum Lehrer falscher Doktrinen werden und Aberglauben und Furcht vor dem Unbekannten nähren.

Divinatorische Bedeutung
Aufrecht: Guter Rat, Erklärung, Lehre. Ein Vermittler von Weisheit und Erleuchtung, der Enthüller des Verborgenen. Freiheit durch Wissen, inspirierende Hilfe, religiöser Beistand.
Umgekehrt: Falsche Information, Verdrehung, Verzerrung der Wahrheit, Ausübung von Macht durch das Zurückhalten von Information. Geschwätz, Propaganda, schlechter Ratschlag.

VI Die Liebenden

Auf dieser Karte ist ein junger Mann abgebildet, der von zwei Frauen flankiert wird. Beide Frauen versuchen, ihn in ihre Richtung zu ziehen, doch er steht unentschlossen zwischen ihnen. Über der Gruppe fliegt ein geflügelter Cupido (altrömischer Liebesgott) und zielt mit einem Pfeil auf sie.

Die Legende von Cupido und Psyche aus dem *Goldenen Esel* von Apuleius war im Mittelalter hauptsächlich durch die Schriften des Boccaccio (1313–1375) weit verbreitet. So ist es nicht verwunderlich, das Symbol des Cupido im Tarot abgebildet zu finden.

Dieses dicke geflügelte Kind der Legende war ein Abkömmling des frühen griechischen Gottes Eros, Herrscher der Zeugungskraft des Universums. Der Gott der Liebe war ursprünglich nicht der Schutzherr romantischer Liebelei, sondern eine unbezähmbare kosmische Kraft, der Ur-Drang, Ordnung aus dem Chaos zu erzeugen, das Werkzeug des Schicksals.

Sein Erscheinen auf der Tarotkarte Die Liebenden weist auf einen schicksalhaften Konflikt, den es zu lösen gilt. Dies ist die Karte Sechs in der Folge, und die Sechs ist wie die Zwei eine Zahl der Spannung und Ambivalenz. Traditionell wird sie in Zusammenhang mit den sechs Tagen der Schöpfungsgeschichte gesehen und ist deshalb auch mit der Idee des Fortschritts und der Evolution verknüpft.

Die Liebenden symbolisieren die erste Entscheidung, die der Suchende auf seiner Reise durchs Leben ohne Hilfestellung zu fällen hat. Der Jugendliche ist gefangen in dem Dilemma, zwischen der Loyalität zu seiner Mutter und dem Verlangen nach seiner Geliebten wählen zu müssen, zwischen traditioneller Autorität und unabhängigem Handeln. Dies ist ein wichtiges Stadium in der Entwicklung der Individualität, die Stufe, in der die Persönlichkeit zu einer unabhängigen Wesenheit wird und sich von ihren Ursprüngen löst.

Diese Karte beinhaltet ein Paradoxon. Nur durch den Rückzug von dem Einfluß und der Autorität der Mutter kann der Mensch seine Suche fortsetzen und den schwer zu gewinnenden Schatz der Unsterblichkeit erringen. Das Erreichen der Unabhängigkeit impliziert gleichzeitig auch ihr mögliches Ende; indem er das Leben gewinnt, wird er auch mit der Aussicht auf den Tod konfrontiert.

In psychologischer Hinsicht vermittelt Eros die Eigenschaft, gegensätzliche Prinzipien zu verbinden, sie in Einklang zu bringen und zu einem Ganzen zusammenzufügen, das größer ist als seine einzelnen Teile. Die verbindende Eigenschaft des Eros hilft über Unterschiede und Zwietracht zwischen Liebenden hinweg und ebnet den Weg für eine mögliche Vereinigung. Eros ist im Begriff, seinen Pfeil abzuschießen, den vereinigenden Pfeil der Liebe, der jedoch auch der todbringende Pfeil sein kann. Er zeugt neues Leben und bringt den Tod im Gefolge.

In einer mehr weltlichen Interpretation repräsentiert die junge Frau den Pfad der nach außen gerichteten Aktivität, wo Selbstvertrauen und das Gefühl der Hingabe und Entschlußkraft den Reisenden bestärken und ihm helfen, sich einen Weg durch das ihn umgebende Wirrwarr von Zweifeln und Ängsten zu bahnen.

Die ältere Frau symbolisiert in diesem Falle den leichteren Weg der Abhängigkeit von bekannten und festgefügten Autoritäten. Auf diesem Weg kann der Betroffene die Verantwortung für sein Wohlergehen abgeben. Für den Preis von Gehorsam und Loyalität genießt er dann die Bequemlichkeit und Sicherheit eines festgefügten Weges. Der Suchende hat einen Punkt erreicht, an dem er beide Wege als unvereinbar erkennt. Widerstrebend muß er einen opfern, um den anderen kennenzulernen, und seine Entscheidung kann nicht länger hinausgezögert werden.

Unwissentlich rettet ihn aus dem Dilemma sein eigenes höheres Selbst: Eros, sein heiliger Schutzengel, trifft die Wahl für ihn, indem er seinen Pfeil der göttlichen Entschlußkraft abschießt.

Eros ist die verkörperte Bestimmung. Der junge Mann hat noch nicht das Stadium erreicht, in dem er selbst die Kontrolle über seine Bestimmung hat. Er ist das Produkt seiner Vergangenheit, und die Kräfte, die seine Vergangenheit geformt haben, werden über den Verlauf seiner Zukunft entscheiden. Gleich welchen Pfad er wählt, es wird der richtige für diesen Augenblick sein.

Der negative Aspekt der Karte zeigt den Neurotiker, der aus Furcht vor dem selbständigen Leben und vielleicht unbewußt aus Furcht vor dem Tod, unfähig ist, seine Mutter zu verlassen. Auf seiner Suche ist er an der ersten Hürde gestolpert, und es gibt kein Fortschreiten mehr. Vor ihm liegt nur noch Stagnation.

Bei umgekehrter Lage zeigt die Karte jemanden, der zwischen zwei Richtungen schwankt. Unfähig sich zu entscheiden, weicht er der Entscheidung aus, bis der Druck der Ereignisse ihn physisch oder psychisch auf den einen oder den anderen Weg zwingt. Währenddessen verschwendet er fruchtlos Zeit und Energie bei der Suche nach einem Kompromiß, unfähig, eine der beiden vor ihm liegenden attraktiven Alternativen aufzugeben.

Divinatorische Bedeutung
Aufrecht: Eine Zeit der Wahl, deren Ergebnis von entscheidender Bedeutung sein wird. Es ist ratsam, eher auf die Intuition und Inspiration zu vertrauen als auf den Intellekt oder Verstand. Diese Karte symbolisiert den Blitz der Einsicht, der ein beinahe unlösbares Problem löst.
Umgekehrt: Gefahr einer moralischen Entgleisung, eine heftige Versuchung. Die Unfähigkeit, eine wichtige Wahl zu treffen, da man das Beste von allem besitzen will.

VII Der Wagen

Diese Karte zeigt einen jungen Mann, der einen prachtvoll überdachten, zweispännigen Triumphwagen lenkt. Er ist gekrönt und trägt ein Zepter und Rüstung. Seine Erscheinung vermittelt den Eindruck von Macht und Selbstvertrauen.
Der Wagenlenker hat keine eindeutig mythologischen Vorgänger. Symbolisch könnte er mit dem Gott Helios verwandt sein, der in einem Sonnenwagen fährt, oder mit Apoll, dem Schutzpatron von Leben, Licht und Heilung. Apoll war der Gott der Selbstdisziplin, der Sittlichkeit und der Herrschaft des Gesetzes, und seine Priester zu Delphi lehrten: »Erkenne dich selbst«.
In der Tarotfolge ist der Wagenlenker der Sieben zugeordnet, einer Primzahl, die Einheit in der Komplexität bedeutet. Sie ist eine Zahl mit weitreichender symbolischer Bedeutung: die sieben klassischen Planeten, die sieben Tugenden und sieben Laster, die sieben Alter des

Menschen, die sieben Tage der Woche, die sieben Siegel des Buches der Offenbarung. Sie entsteht aus der Verbindung der Drei und Vier, deswegen kann der gekrönte Wagenlenker als königlicher Nachkomme der Herrscherin (III) und des Herrschers (IV) gedeutet werden.

Sieben ist die Zahl des Fortschritts, Selbstausdrucks und des selbständigen Handelns. Bezogen auf den Tarot-Zyklus, schildert Der Wagen das Schicksal dessen, der die richtige Wahl getroffen hat, als er vor dem Dilemma der vorhergehenden Karte Die Liebenden stand. Ihm ist es gelungen, seine Aufmerksamkeit von der Mutter auf die Geliebte zu übertragen; deshalb vermag er seine inneren psychischen Kräfte zu kontrollieren, statt von ihnen beherrscht zu werden.

Diese psychische Grundenergie oder Libido wird häufig

Der WAGEN

durch ein Pferd symbolisiert; so hat der Wagenlenker seine tierischen Instinkte gebändigt, er hat sie sich dienstbar gemacht und kann jetzt mühelos seinem Weg folgen. Er benötigt nicht einmal Zügel, um die Tiere zu lenken, denn er beherrscht sie vollkommen.

Als Krieger in seinem vierwandigen Wagen symbolisiert er das Individuum, das ohne Schwierigkeiten auf der Straße durchs Leben reist, geschützt durch die Rüstung seiner *Persona*.

Im Altertum war *Persona* ein Begriff für die Maske, die von einem Schauspieler getragen wurde. In psychologischer Hinsicht ist damit auch heute noch eine Maske gemeint – die vom Ego getragene Maske der äußeren Erscheinung.

Jeder lernt sehr früh seine Rolle im Leben; der Persönlichkeit entsprechend schafft man sich allmählich seine Position in der Gesellschaft und versucht, durch Anpassung in Kleidung und Verhalten vor anderen so zu erscheinen, wie man selbst gern gesehen werden möchte. Das kleine Kind lernt schnell die Verhaltensweisen, wie sie von den älteren erwartet werden, und benimmt sich entsprechend. Beim Heranwachsenden füllen sich die Lücken in der ziemlich skizzenhaften *Persona* schnell, und als Erwachsener ist man schließlich, wenn »alles gut geht«, mit einer perfekt sitzenden psychischen Rüstung ausgestattet.

Manche Menschen tragen keine passende oder konsequente Persona, und irgendwie fühlt man sich in ihrer Anwesenheit unwohl. Ihre Handlungen sind nie genau vorhersehbar und verunsichern solche Menschen, die sich ihrer Persona gerade durch die Beständigkeit der sozialen Umwelt versichern müssen. Dies ist ein negativer Aspekt des Wagens.

Eine andere Gefahr besteht darin, daß die Maske zu fest oder zu starr wird, was die Entwicklung der Persönlichkeit behindert und dazu führen kann, daß sich womöglich das Ego mit seiner Persona identifiziert, ohne sich klarzumachen, daß es sich dabei nur um eine Maske handelt, die man aus Bequemlichkeit trägt. Eine solche Identifikation ist eine andere Fallgrube, die die Reise vorzeitig beenden kann.

Die Halbmonde auf den Schultern des Wagenlenkers kennzeichnen seine Herrschaft über die fluktuierenden Gezeiten der lunaren (subjektiven) Kräfte in ihm, während seine goldene Rüstung ihn vor den äußeren solaren (objektiven) Kräften schützt. In einigen Tarotvarianten enthält seine Krone einen fünfstrahligen Stern, Symbol des psychischen Gleichgewichts, und sein Szepter repräsentiert die Autorität seines unerschütterlichen Willens.

In der materiellen Welt ist es Der Wagenlenker, der seine körperlichen Funktionen selber zu kontrollieren und seine Fähigkeiten auf ein einziges Ziel zu konzentrieren vermag. Durch den intensiven Gebrauch seines geübten Intellekts und seines geschulten Körpers überwindet er vertrauensvoll alle Hindernisse, welche die Umstände vor ihm aufgebaut haben; er bestimmt seinen eigenen Weg. Sein praktisches Verständnis der Gesetze, die die Gesellschaft lenken, verleiht ihm das Sachverständnis, diese zum eigenen Vorteil zu manipulieren.

Bei umgekehrter Lage der Karte ist er ein Mann des Wohlstands und der Macht, der seine materiellen Mittel dazu benutzt, um sich rücksichtslos über die hinwegzusetzen, die seinen grandiosen Plänen im Wege stehen könnten. Er mag sich für einen Idealisten halten, aber wer seine Ziele infrage stellt, erhält nur Unterdrückung zur Antwort.

Divinatorische Bedeutung
Aufrecht: Erfolg, Triumph über die Hindernisse, die das Leben in den Weg legt. Sicherer Fortschritt, Sieg durch persönliche Anstrengung, der Triumph der Entschluß-kraft. Kein ererbter Erfolg oder schicksalhafter Glücks-fall.

Umgekehrt: Einer, der andere rücksichtslos behandelt. Arroganz, Ungestüm, Nichtbeachtung der Rechte anderer, Egozentrik, Skrupellosigkeit.

VIII Die Gerechtigkeit

Eine strengblickende Frau sitzt auf einem Thron, in ihrer rechten Hand hält sie ein aufgerichtetes Schwert und in ihrer linken eine Waage. Sie trägt einen kunstvollen Kopfschmuck.

Die hier abgebildete herkömmliche Gestalt der Gerech-tigkeit ist allgemein bekannt. Sie repräsentiert neben der Mäßigkeit, der Tapferkeit und der Klugheit eine der vier Tugenden, die häufig in der mittelalterlichen Kunst vor-kommen. Sie ist der Nummer acht in der Tarotfolge zu-geordnet.

Die Acht kannten die Griechen als Zahl der Gerechtig-keit, da sie aus gleichen Teilen gerader Zahlen besteht und deshalb Gleichgewicht und Gleichmut symbolisiert. Auch ist die arabische Zahl acht wegen ihrer Form ein Symbol der Ewigkeit und der Vollendung und somit auch für das Wirken des Schicksals. Die achtseitige Figur oder das Oktogon steht zwischen dem Quadrat, Symbol der räumlichen und zeitlichen Welt, und dem Kreis, Symbol der Ewigkeit. Deshalb ist sie der Punkt des Gleichgewichts zwischen der äußeren Welt des Körpers und dem inneren Reich des Geistes.

Hier liegt ein Schlüssel zur Bedeutung der Tarotkarte VIII Die Gerechtigkeit. Sie deutet auf die nächste Stufe im Leben des Menschen. Er ist erwachsen geworden, hat seinen Platz in der Welt gefunden und einen sicheren Rahmen geschaffen, um seine Familie zu ernähren. Er ist der »Mann von Welt«, der seinen Lohn für vergangene Anstrengungen in Form von Wohlstand und Status erntet. Seine ersten Träume sind im höchstmöglichen Maß erfüllt worden; er hat den Gipfel des Erfolgs erreicht.

Aber im Augenblick des Triumphes fühlt er, daß nicht alles so ist, wie es sein sollte. Rückblickend auf sein Leben stellt sich ein Gefühl der Unzufriedenheit ein, ein Gefühl der Leere –, als wenn seinem Leben einige wesentliche Dinge fehlten.

Solche Gefühle des Mangels oder gar der Schuld zeigen

sich im allgemeinen im mittleren Lebensalter, wenn der Körper sichtlich zu altern beginnt und die Gewißheit des Todes eine persönliche Realität annimmt.

Die Gerechtigkeit ist die Stimme des Gewissens, die Stimme des inneren Selbst, die darauf hinweist, daß man bislang den bewußten Bedürfnissen und Bestrebungen nachgekommen ist, aber das Drängen des Unbewußten weitgehend ignoriert hat. Es ist an der Zeit, das Gleichgewicht wiederherzustellen; das Leben muß eine völlig neue Richtung nehmen, wenn die Stimme des Gewissens ernstgenommen werden soll.

Wenn die Bedürfnisse des Unbewußten unterdrückt werden, bläht sich das Bewußtsein auf, und der Mensch rennt hinter den Dingen der Jugend her oder fällt, wie so häufig, in tiefe Depression. Nur indem die Herausforderung der zweiten Lebenshälfte genauso ernstgenommen wird wie die erste – nur durch den furchtlosen Blick nach vorn statt sehnsuchtsvoll zurückzuschauen – kann das Schwert der Gerechtigkeit vermieden werden.

Dieser Herausforderung kann man nicht leichtfertig begegnen; die Hindernisse und Gefahren des inneren Weges der Seele sind mit denen des äußeren Weges der Welt vergleichbar, wenn nicht größer.

Weltlich betrachtet, weist die Gestalt der Gerechtigkeit auf die Tatsache hin, daß wir alle auf den Waagschalen der Gerechtigkeit gewogen und unseren verdienten Lohn empfangen werden. Sie will uns sagen, daß trotz der scheinbaren Ungerechtigkeit und des Ungleichgewichts in der äußeren Welt, das grundlegende Ungleichgewicht in uns selber zu suchen ist.

Um das Beste aus seinem Schicksal zu machen, muß man dem Rhythmus des Universums folgen, oder man wird ständig zurückgeworfen wie der Schwimmer, der gegen den Strom anschwimmt. Die Unkenntnis der Gesetze kann nicht mehr als Entschuldigung vor dem Gerichtshof des Lebens dienen genausowenig wie vor dem der Menschen. Die Gesetze müssen gelernt und befolgt werden, wenn die Strafen für ihr Übertreten vermieden werden sollen.

Der negative Aspekt der Gerechtigkeit bezieht sich auf die Gefahren, die entstehen können, wenn das Gesetz entweder mißbraucht oder zu hart angewendet wird. Die übertriebene Ausführung der Gesetze ist ein menschliches Versagen, das schon viel Ungerechtigkeit bewirkt hat. Wenn das Schwert der »Gerechtigkeit« in menschliche Hände gelegt wird, verdeckt es allzuoft ihre Waagschalen, und die Tugend der Gnade wird darüber vergessen.

Divinatorische Bedeutung
Aufrecht: Der Akt des Urteils. Schiedsspruch, Übereinkunft durch Verhandlung, die Verteidigung von Wahrheit und Integrität. Je nach moralischer Einstellung des Fragestellers kann dies eine Karte der Hoffnung oder Furcht sein.
Umgekehrt: Ungerechtigkeit, Mangel an fairer Handlungsweise, Vorurteil. Rechtliche Verwicklungen, die die Rechtsprechung verzögern. Verwickelte und teure Rechtsstreitigkeiten.

IX Der Eremit

Ein alter Mann bewegt sich langsam auf einer dunklen und steinigen Straße. Er ist wie ein Mönch gekleidet. Der vor ihm liegende Weg wird schwach durch eine Lampe erhellt, die er in der rechten Hand trägt. Mit seiner linken Hand umfaßt er einen schweren Stab, um den sich in einigen Kartenvarianten eine Schlange windet.

Dies ist die Karte Neun in der Tarotfolge. Die Neun ist insofern symbolisch bedeutsam, als sie die letzte der Einzelzahlen ist. Danach kehrt man zur Nummer eins oder der Einheit zurück. Deshalb steht der Eremit im Tarot für die letzte Stufe der ersten Weghälfte.

In gewisser Weise ähnelt die Karte der des Narren. Auch hier befindet sich der Suchende wieder am Anfang einer Reise, allein und mit wenig Hilfe oder Führung. Doch jetzt ist er ein einsamer alter Mann, ein Eremit, der auf einer dunklen und einsamen Straße wandert; er ist kein Kind mehr, das fröhlich im morgendlichen Sonnenlicht daherspringt.

Die Suche der ersten Lebenshälfte, die nach außen gerichtete solare Phase, hat ihren Abschluß gefunden, und die Waagschalen der Gerechtigkeit haben sich zur zweiten Hälfte der Suche geneigt, der nach innen gerichteten lunaren Welt des Unbewußten.

Der Eremit hat die Stimme der Gerechtigkeit, seines eigenen Gewissens, beachtet und sucht nun Antworten auf die Fragen, die ihn bewegen. Er weiß, daß ihm eine Aufgabe auferlegt ist und daß er nicht ruhen kann, bis er seine Verpflichtungen erfüllt hat. Aber der anstehende Weg ist dunkel, und er besitzt nur das Licht seiner eigenen Intuition, das ihm helfen kann, den rechten Weg zu finden. Aller Wohlstand und alles Wissen der äußeren

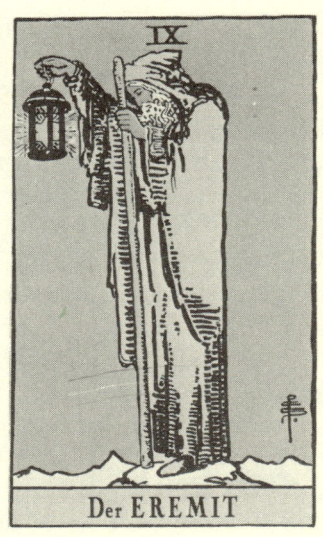

Der EREMIT

Welt können ihm jetzt nicht helfen, und so geht er in die
Nacht, nur mit einem einfachen Umhang bekleidet und
einem Stab, auf den er sich stützen kann. Die um den
Stab gewundene Schlange symbolisiert seinen angebore-
nen Reichtum an unbewußter Weisheit, der ihm helfen
wird, die bevorstehenden Hindernisse zu überwinden.
C. G. Jung sagt dazu:
»Die Folge einer psychischen Isolierung durch Geheim-
nis ist in der Regel eine ›Ersatzbelebung‹ der psychischen
Atmosphäre an Stelle des verlorenen Kontaktes mit den
Mitmenschen. Es ist ein Anlaß zur Aktivierung des
Unterbewußten, woraus dann etwas Ähnliches entsteht
wie die Einsamkeitsillusionen und -halluzinationen der
Wüstenwanderer, Seefahrer und Heiligen... so entsteht,
als Ersatz für die normale Belebtheit der Umwelt, eine

illusorische Wirklichkeit, in welcher an Stelle von Menschen sich unheimliche, gespenstische Schatten bewegen« (Psychologie und Alchemie, Olten 1984, Seite 68).

Für ein solches Abenteuer ist großer Mut erforderlich, weil der Mensch herkömmliche Werte zugunsten der Gebote des inneren Selbst aufgibt und sich außerhalb der Annehmlichkeiten und der Autorität der Gesellschaft stellt, um dem einsamen Weg zu folgen, von dem er nicht weiß, wohin er führt. Der Eremit beschreibt eine Krise des Willens, der man sich stellen muß, und die es gilt zu überwinden, wenn man über die gewöhnlichen Grenzen hinaus vordringen will. Umgekehrt ist die Bewußtheit des Gewissens das erste Aufleuchten des Inneren Lichts, ein erster Vorbote des Glanzes, der vom mystischen Zentrum, dem Ziel der Suche, ausgeht.

Dieses schwache Flackern des Inneren Lichts hilft dem Eremiten auf seinem Weg; hier ist es seine Laterne, mit deren Licht er ein Stück Weg erkennen und die Hindernisse und Spalten zu seinen Füßen ausmachen kann.

Die Lebensstufe, die der Eremit repräsentiert, ist von Schopenhauer gut beschrieben worden: »Man kann... das Leben mit einem gestickten Stoffe vergleichen, von welchem jeder in der ersten Hälfte seiner Zeit die rechte, in der zweiten aber die Kehrseite zu sehn bekäme. Letztere ist nicht so schön, aber lehrreicher; weil sie den Zusammenhang der Fäden erkennen läßt.«[7]

Die Gestalt des Eremiten ist auch ein starkes psychisches Bild, das gelegentlich in Träumen oder Visionen erscheint. Er personifiziert den weisen alten Mann, den Lehrer, der auf den roten Faden weist, der in das scheinbare Chaos des Lebens eingewoben ist. Er erleuchtet die Ur-Dunkelheit mit dem Licht des höheren Bewußtseins und vertreibt die Schatten der Nacht.

Der negative Aspekt des Eremiten zeigt auf denjenigen, dessen Geist vernagelt ist von einem Dogmatismus, unfähig, neue Vorstellungen zu übernehmen oder alte abzuwerfen. Er ist in Ignoranz gehüllt, und das Licht seines höheren Selbst wird vor den Winden des Wandels abgeschirmt, die seine Selbstzufriedenheit bedrohen. In diesem Fall symbolisiert der Stab, auf den er sich stützt, den Körper der starren Lehre, die er nicht aufgeben kann.

Divinatorische Bedeutung
Aufrecht: Deutet auf die Notwendigkeit, sich von Aktivitäten zurückzuziehen, um nachzudenken und zu planen. Eine Warnung vor dem Versuch eines übereilten Schritts ohne sorgfältige Planung. Hilfe und Rat von einem weisen Ratgeber – das kann eine andere Person oder das eigene innere Selbst sein. Eine Notwendigkeit, die Dinge langsam anzugehen, und den richtigen Weg zu suchen, bevor es weitergeht. Besonnenheit und Ruhe.
Umgekehrt: Weigerung, auf einen vernünftigen Rat zu hören. Vertrauen auf die eigenen unzulänglichen Quellen, wenn Hilfe angeboten wird. Zurückweisen von Hilfsangeboten. Eigensinniges Zurückweisen von Weisheit. Unberechtigter Argwohn gegenüber den Motiven anderer. Furcht vor Erneuerung.

X Das Rad des Schicksals

Ein achtspeichiges hölzernes Rad ist zwischen zwei Pfosten befestigt. Über dem Rad schwebt eine seltsame Gestalt, vielleicht eine Sphinx oder ein Drache mit Flügeln, einer Krone und einem erhobenen Schwert. An die rechte Seite des Rades klammert sich eine genauso merkwürdige Kreatur – möglicherweise ein Esel – in dem Augenblick, als es sich nach oben dreht. An der linken abwärtsdrehenden Seite des Rades hängt etwas, das wie ein Affe aussieht. In einigen Tarotvarianten ist ein auf dem Boden hockender Affe abgebildet, der die Kurbel des Rades dreht.

Das Rad des Schicksals ist die Karte Zehn in der Folge. Zehn ist die erste der Doppelzahlen und symbolisiert deshalb einen Neuanfang und die Vollendung der vorhergehenden Folge. Traditionell wird sie als perfekte Zahl angesehen, denn das Symbol der Perfektion ist der Kreis oder das Rad.

Die zweite Hälfte der Suche hat jetzt begonnen. Der Eremit, der die innere Welt der Träume und Visionen mit dem Licht seiner Intuition untersucht, betrachtet die seltsamen Bilder, die vor ihm aus der Tiefe auftauchen. Sein Geist sinkt unter die Schwelle des normalen Bewußtseins und erlaubt dem Unbewußten, die Oberfläche zu durchstoßen.

Das Rad ist ein Mandala, Symbol der psychischen Ganzheit und inneren Ordnung.

Das Erscheinen des Rades des Schicksals an dieser Stelle bedeutet, daß ein entscheidendes Stadium in der Suche erreicht worden ist. Der Eremit hat sich aus den Fesseln der Gesellschaft befreit, und dieses Opfer wird belohnt; aus der Dunkelheit steigt die unbewußte, verborgene

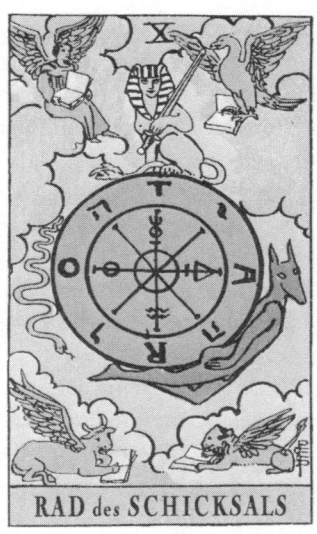

RAD des SCHICKSALS

Seite seines Selbst herauf, um ihn zu grüßen, während sich das Rad dreht. Nur durch eine direkte Konfrontation mit den Inhalten des Unbewußten können diese Fesseln ans Tageslicht gebracht, erkannt und verstanden werden. Nur durch dieses Verstehen kann das Bewußtsein erhellt und erweitert und die Zweifel beseitigt werden, die zuvor von Der Gerechtigkeit erhoben worden waren.

Das Symbol des Rades bringt den Frieden des Geistes, die Auflösung von Schuld und eine Bestätigung der fundamentalen Ordnung, die auf allen Ebenen des Universums besteht.

Für die alten Ägypter war der Cynocephalus, der hundsköpfige Pavian, Thoth geweiht, dem Herrn der Magie und Prototyp des Hermes, weil er als der höchste unter den Affen diejenigen Kräfte des Unbewußten repräsentiert, die den bewußten Verstand übersteigen.

Die am Rad herabsteigende hundeähnliche Kreatur kann als das »domestizierte« Selbst gesehen werden, das in die Tiefen hinuntersteigt, während das sich aufwärts bewegende Tier das »ungezähmte« Unbewußte symbolisiert, das ins Licht des Tages aufsteigt. Der gelegentlich am Fuße des Rades sitzende Affe könnte die Libido oder fundamentale Lebenskraft darstellen, die das Rad antreibt, während die Sphinx oben die umgewandelte Gestalt der Gerechtigkeit ist, die bereitsteht, um jeden zurückzuweisen, der von seinem Schicksal nicht für die Reise in die Unterwelt vorbereitet worden ist.

Die Radnabe ist das ruhende mystische Zentrum, umringt von den strahlenden Pfaden, die zum Inneren Selbst führen. Obwohl diese Karte nicht das letzte Ziel des Suchenden, das Zentrum selbst, repräsentiert, enthüllt sie doch ein Stadium der Entwicklung, das wenige erreichen. Danach führt der Weg hinunter in das Reich der Nacht, in das Land des Mondes, wo das Ego keine Autorität besitzt und sich zurückziehen muß zugunsten von Kräften, die es nicht begreifen kann.

Die traditionelle Interpretation der Karte besagt, daß das am Rad absteigende Tier die unentwickelte Seele darstellt, die in die Beschränkung der Materie sinkt, symbolisiert durch den Affen. Die aufsteigende Kreatur ist das sich entwickelnde Wesen, welches sich langsam über die Fesseln der Materie erhebt, durch die es zuvor versklavt wurde.

Aber oben sitzt die Sphinx mit dem Schwert, und wenn der Tod den Menschen schließlich von seinem Körper befreit hat, steht sie schon bereit, um ihn auf das sich drehende Rad zurückzuwerfen, in eine erneute Inkarnation. Nach unzähligen Leben erreicht er schließlich ein Stadium, wo ihn das physische Universum nichts mehr lehren kann und er sich das Recht verdient hat, zu höheren Sphären fortzuschreiten. An diesem Punkt verliert die Sphinx ihren furchterregenden Charakter, und statt den Menschen mit der Schwertspitze auf den abwärtsgerichteten Pfad zurückzustoßen, benutzt sie die scharfe Klinge, um die Fesseln zu lösen und ihn zu befreien.

Der weltliche Aspekt dieser Karte weist auf die Gesetze, die Leben und Tod beherrschen – das Prinzip des Wandels, in dem nichts konstant ist, nichts gegriffen und mit Sicherheit festgehalten werden kann. Die einzige Möglichkeit, sich im weltlichen Leben vom Rad zu befreien, liegt darin, daß man seine Bewegung akzeptiert und sich damit in Einklang bringt.

Die negative Seite des Rades zeigt das Schicksal desjenigen, der sich nur mit seinem unmittelbaren Leben beschäftigt und identifiziert. Unfähig Abstand zu nehmen und das Leben unter einem weiteren Blickwinkel zu betrachten, bleibt er im Zustand der Unwissenheit. Ohne aus seinen Fehlern zu lernen, reist er weiter in der sicheren Überzeugung, daß seine Probleme vorübergehen und sich bald durch seine eigenen Anstrengungen und ein wenig Glück lösen werden. Immer ist er das Opfer dessen, was die Parzen für ihn bereithalten, und bleibt dadurch unentrinnbar im Kreislauf von Leben und Tod gefangen.

Divinatorische Bedeutung
Aufrecht: Der Beginn eines neuen Kreislaufs. Die Vorgänge des Schicksals, die die Zeit zum Wirken brauchen. Vorgänge von großer Bedeutung, auf die man keinen

persönlichen Einfluß hat. Das Wirken der Schicksalsgesetze. Problemlösung durch fortschreitende Entwicklung der Umstände. Das Aufgehen der Saat – allgemein ein günstiges Omen.

Umgekehrt: Eine Wende zum Schlechten. Unabänderliche Widrigkeiten, die solange zu erdulden sind, bis das Rad sich ganz gedreht hat. Das Ende eines Glückszyklus.

XI Die Kraft (Die Stärke)

Eine junge Frau bezwingt einen mächtigen Löwen, der vor ihr steht. Auf ihrem Kopf trägt sie einen großen, sonderbar geformten Hut, und ein weiter Umhang fällt herab von ihren Schultern. Sie erscheint ruhig und gelassen trotz ihrer »mißlichen« Lage.

Die Kraft erscheint im Tarot als die zweite der vier Tugenden. Das Bild der Kraft – eine junge Frau bei der Bezwingung eines Löwen – ist eine durchaus bekannte mittelalterliche Darstellung.

Die Karte trägt die Nummer elf, die zweite der Doppelzahlen. Da sie auf die perfekte Zahl zehn folgt, zeigt die Elf traditionell Verletzlichkeit, Gefahr und Übertretung von Grenzen an. In arabischen Ziffern ist sie die Wiederholung der Zahl eins und deshalb der Zahl zwei ähnlich, welche Spannung, Gegensatz und den Kampf um die Versöhnung von auseinanderstrebenden Eigenschaften andeutet.

Alle diese Möglichkeiten erscheinen auf der Tarotkarte Die Stärke.

Das erste Bild, das dem Eremiten auf seiner Reise in die Unterwelt des Unbewußten begegnet, ist sein eigener Schatten, eine verzerrte Spiegelung seines Selbst. In dem Schatten leben all die dunkleren Aspekte seines Wesens, die seine Persönlichkeit nicht akzeptieren konnte; bislang haben sich diese Aspekte für ihn nur in dunklen Gedanken oder unruhigen Träumen manifestiert.

Der bewußte Verstand und sein Schatten sind beide Teile eines psychischen Ganzen, und keine weitere Entwicklung kann stattfinden bis sie nicht versöhnt sind. Viele Menschen schaffen es nicht, sich mit ihrem Schatten zu konfrontieren; sie projizieren die dunklen Qualitäten auf die Außenwelt. Nur wenigen gelingt es, den Schleier der Selbsttäuschung zu durchstoßen und zu der furchterregenden Wahrheit zu gelangen, daß der Schatten in ihrem eigenen Innern zu finden ist.

In vielen alten Mythen braucht der Held auf seiner Suche zuerst einen Freund, oft einen primitiven »wilden Mann«, der das Abenteuer mit ihm gemeinsam unter-

nimmt. Die vereinten Talente des Helden und seines Freundes sind erforderlich, um die anstehenden Gefahren zu überwinden. Aber zuerst müssen sie miteinander kämpfen, denn nur wenn der Held den wilden Mann bezwingen kann, können sie zusammen weitergehen.

C. G. Jung hat dazu gesagt:

»Das Selbst offenbart sich in den Gegensätzen und ihrem Konflikt; es ist eine *coincidentia oppositorum*. Und darum ist der Weg zum Selbst zunächst ein Konflikt.«[8]

Diese kritische Begegnung wird in der Tarotkarte Die Kraft dargestellt. Auf der vorhergehenden Karte, dem Rad des Schicksals, war zu erkennen, daß die intensive Innenschau des Eremiten allmählich die Bilder des Unbewußten in den Bereich des Bewußtseins hinaufbeförderte. Hier wird der Schatten – symbolisiert durch einen Löwen, alchemistisches Symbol der Kräfte des Instinkts – entschlossen von dem Suchenden bezwungen, der als junge Frau dargestellt ist, um zu zeigen, daß hier eher Sanftmut als Härte zum Erfolg führt.

Das Bild erinnert an die biblische Geschichte des Samson, der den Löwen erschlug; anschließend lebte ein Schwarm Bienen in dem Kadaver. In einigen alten Tarotvarianten erscheint Die Kraft in Gestalt des Samson, der den Löwen erwürgt.

Die Niederlage des Löwen repräsentiert die Aussöhnung mit den Begierden der Instinkte; hierdurch werden die im Schatten eingeschlossenen Energien befreit und der bewußte Verstand mit den lange Zeit verlorenen Pfaden vereint, die zum inneren Zentrum führen.

In weltlichen Begriffen repräsentiert Die Kraft das Individuum, das durch Disziplin Selbstkontrolle erlangt, die ihn von den ständigen Ablenkungen und Stimmungswechseln befreit, denen gewöhnliche Menschen unterworfen sind. Wie Der Wagenlenker in Karte VII stellt die junge Frau eine bestimmte Art der Kraft dar, nämlich die passive, innere Stärke der standhaften Entschlußkraft im Gegensatz zur positiven, äußeren Stärke der Tat. In ihrem negativen Aspekt zeigt sie die bewußte Unterdrükkung der instinktiven Bedürfnisse aus Furcht, die potentielle Gewalt könnte die Schutzschicht der zivilisierten Konventionen zerstören, in denen sich der unsichere Geist geborgen fühlt.

Divinatorische Bedeutung
Aufrecht: Die Gelegenheit, Pläne in die Tat umzusetzen, wenn genug Mut vorhanden ist, ein Risiko einzugehen. Moralisch, die Niederlage der niedrigen Triebe, Aussöhnung mit einem Feind – das kann sich auf einen Außenstehenden oder auf unbändige innere Kräfte beziehen.
Umgekehrt: Niederlage; Kapitulation vor unwürdigen Trieben; Nervenversagen kann zum Verpassen einer Chance führen.

XII Der Gehängte

Ein junger Mann hängt kopfunter mit seinem rechten Fußknöchel an einem hölzernen Galgen. Seine Hände scheinen hinter seinem Rücken zusammengebunden zu sein, und sein linkes Bein hängt frei hinter dem rechten. Sein Gesichtsausdruck ist ruhig und gelöst, und in einigen Kartenvarianten ist sein Kopf von einem Heiligenschein umgeben.
Der Gehängte ist eines der merkwürdigsten Tarotbilder. Es kommt in keiner orthodox christlichen Symbolik vor und ist einer der deutlichsten Hinweise darauf, daß die

Der GEHÄNGTE

Tarotarkana dazu dienten, eine nichtchristliche Glaubenswelt darzustellen.

Es ist die Karte mit der Nummer zwölf. In arabischen Ziffern ist sie eine Kombination der Zahlen eins und zwei, was auf die Wechselwirkung zwischen Einheit und Dualität weist, aus der eine dritte Dimension entsteht. Die Gefahren der Nummer elf sind überwunden, deshalb ist diese Karte ein Symbol der Erneuerung und Erlösung. Der Held hat sich dem wütenden Löwen gestellt und weiß, daß es sein eigener Schatten ist, der mit ihm kämpft. Er wird sich qualvoll bewußt, daß er nicht eine Person ist, nämlich das bewußte Selbst, mit dem er sich identifiziert, sondern lediglich Teil eines größeren Ganzen. Er sieht zwei antagonistische Hälften, welche sich dennoch ergänzen. Er kann nicht zurück und die Selbstsicherheit seiner Jugend wiedergewinnen, aber genausowenig darf er sich seinem Schatten unterwerfen. Seine einzige Hoffnung liegt darin, sich von beiden Gegensätzen zu befreien, eine Position der Mitte zu finden, wo er sich im Gleichgewicht zwischen beiden befindet.

Dabei erkennt er, daß er durch die Loslösung vom festen Grund seines früheren Bewußtseins nur darauf vertrauen kann, daß eine größere Kraft ihn stützen und ihn vor dem Fall in eine psychische Leere bewahren wird. Um voranzuschreiten, braucht er den Mut, alles bisher Gelernte loszulassen, freiwillig die Herrschaft des Intellekts aufzugeben und sich der Führung der tieferen Kräfte anzuvertrauen.

Um sich bewußt mit den verborgenen Strömungen des Unbewußten treiben zu lassen, bedarf es einer überlegten Umkehrung der Lehren und Werte der äußeren Welt; man muß sich auf ein ernstes Risiko einlassen – die Gesetze und Werte der inneren Welt sind in vielen Fällen die genaue Umkehrung der uns vertrauten; diese können nur auf eigene Gefahr übertreten werden.

Der Suchende muß sich jetzt zwei Prüfungen unterziehen – der Prüfung des Mutes und der des Glaubens. Die Mutprüfung verlangt, daß er alles opfert, was seinem Bewußtsein lieb und teuer ist, und daß er die triebhaften Bedürfnisse seines Schattens zurückweist; die Glaubensprüfung verlangt, daß er die Existenz eines höheren Selbst anerkennt, das sein Bewußtsein transzendiert.

Bei C. G. Jung heißt es:

»Durch den Abstieg ins Unterbewußte bringt das Bewußtsein sich in eine gefährliche Lage; denn es scheint, als ob es sich selber auslöschte.«[9]

Der Gehängte stellt den Menschen dar, der sein Leben in die eigenen Hände genommen und sich kopfüber in die

Tiefen gestürzt hat. Seine Tat ist aber nicht tollkühn, weil er vom Seil seines eigenen Glaubens sicher gehalten wird. Die Schlaufe wird gelegentlich abgebildet als lebender Ast eines Baumes: der Weltenbaum oder der Baum des Lebens, der durch alle Ebenen des Kosmos wächst. Das verzückte Gesicht des Gehängten zeigt, daß sein Opfer nicht umsonst war und daß er seinen Lohn erhalten hat. Seine Qual ist verwandelt in Ekstase.

Weil er sich im vollkommenen Gleichgewicht befindet zwischen dem Verlangen des Bewußtseins und dem seines Schattens, ist er in einem seligen Zustand der völligen Freiheit von Begierden.

Das Aufhängen eines Sakralopfers an einem Baum ist ein bekanntes Element religiöser Kulte in verschiedenen Teilen der Welt. In den Isländer-Sagas, die Anfang des 13. Jahrh.s niedergeschrieben wurden, beschreibt der nordische Gott Odin, wie er sich selbst an die Weltesche hängte, um die geheimnisvollen Runen zu entdecken:

»Ich weiß, das ich hing
am windigen Beum
neun Nächte lang,
mit dem Ger verwundet,
geweiht dem Odin,
ich selbst mir selbst,
an jenem Baum,
da jedem fremd,
aus welcher Wurzel er wächst.«[10]

In den sumerischen Riten wurde eine Nachbildung des Gottes Attis jedes Jahr an einer Pinie aufgehängt. Der Baum ist ein Symbol der Mutter als dem Quell aller Nahrung; diejenigen, die am Baum sterben, werden deshalb mit ihrem Ursprung wiedervereinigt und können so zu neuem Leben wiedergeboren werden. Durch das Opfer seines Lebens öffnet der Gehängte den Weg zu seiner Wiedergeburt in der Unsterblichkeit des Geistes.

Die traditionelle Interpretation dieser Karte besagt, daß man sich, um wirklichen Erfolg und wahre Erfüllung zu erreichen, eher nach den Gesetzen des Universums als nach denen der Menschen ausrichten muß. Dazu sind Mut, Festigkeit und der Glaube an die Werte des Geistes erforderlich; doch die, die ihre Unabhängigkeit auf diese Art zu zeigen wagen, werden belohnt mit der Gabe heiterer Gelassenheit und des inneren Friedens.

Im negativen Aspekt ist Der Gehängte ein unentschlossener Idealist, der in seiner eigenen imaginären Traumwelt lebt, weder im Himmel noch auf Erden, sondern der irgendwo dazwischen an einem Ort seiner Einbildung schwebt. Seine Augen sind nach innen gerichtet, und er ist blind für die Schönheit um ihn herum, weil er am Faden seiner wilden Phantasie hängt.

Divinatorische Bedeutung

Aufrecht: Die Fähigkeit, sich wechselnden Umständen anzupassen. Flexibilität des Geistes. Die Bereitschaft, sich den Geboten des inneren Selbst zu unterwerfen und praktische Erwägungen beiseite zu schieben, wenn es die Zeit erfordert. Weisheit und Führung durch das Unbewußte.

Umgekehrt: Zu starkes Vertrauen auf den konkreten Verstand. Materialismus. Eine Warnung vor drohender psychischer Störung wegen der Unfähigkeit, die Realität des Unbewußten zu akzeptieren. Ein innerer Kampf, der mit einer Niederlage endet.

XIII Der Tod

Ein belebtes menschliches Skelett mit einer großen Sense bewegt sich auf einem Acker mit schwarzer, fruchtbarer Erde. Seine Ernte besteht nicht aus Getreide, sondern aus menschlichen Körpern, von denen Teile zu seinen Füßen verstreut liegen. Zwei abgeschlagene Köpfe, von denen einer gekrönt ist, sind zu erkennen; ihre Augen sind geöffnet und ihr Fleisch erscheint fest. In einigen Kartenversionen fließt hinter dem Skelett ein Fluß von links nach rechts, und am Horizont rahmen zwei Säulen oder Masten die aufgehende Sonne ein.

Die Nummer der Karte Dreizehn steht sinnbildlich für den Tod, und sie hat noch heute eine unheilverkündende Bedeutung. Die Erscheinung des finsteren Schnitters unter dieser Zahl scheint sehr zutreffend. Die arabische Zahl dreizehn besteht aus den Ziffern eins und drei und ist deshalb analog zur Zahl vier Symbol für Ordnung und Organisation. Obwohl Der Tod als Urheber des Chaos erscheint, ist er in Wirklichkeit der Stifter einer neuen Ordnung, die dem Leben folgt.

Diese Karte setzt die Geschichte des Gehängten fort. Sein Opfer ist angenommen, und er ist buchstäblich nicht länger dieselbe Person. Sein altes Selbst ist jetzt tot und wird zur rechten Zeit durch etwas Neues und völlig Anderes ersetzt werden. Sein Blickwinkel hat sich verändert vom selbstzentrierten zum selbsttranszendierenden. In seinem Tod liegt die Chance zur Wiedergeburt.

»Der Zweck des Abstiegs ist im Heldenmythos allgemein dadurch gekennzeichnet, daß in jenem Gefahrbezirk (Wassertiefe, Höhle, Wald, Insel, Burg usw.) die ›schwer erreichbare Kostbarkeit‹ (Schatz, Jungfrau, Lebenstrank, Todüberwindung usw.) zu finden ist.«[11] (C. G. Jung)

TOD

Das hier abgebildete Skelett als das stilisierte Bild des Todes ist keine abstoßende Gestalt sondern der Erlöser, dessen scharfe Klinge das Bewußtsein von den alten Fesseln befreit.

Früher glaubte man, daß der Kopf der Wohnsitz der Seele sei, und die hier liegenden lebenden Köpfe sollen zeigen, daß das Leben nicht von der physischen Hülle abhängt; losgelöst vom Körper, kann die Seele ihr Leben direkt aus der wahren Quelle, dem fruchtbaren Boden des Geistes, empfangen.

Die getrennt liegenden Hände und Füße zeigen auch keine Spur von Verfall. Eine Hand erhebt sich fest aus der Erde, und die Füße scheinen wie festgepflanzt, wo sie hingefallen sind. Dies sind nicht die Überreste des vergangenen Lebens, sondern die Saat des neuen.

Der gelegentlich im Hintergrund abgebildete Fluß ist der Styx, das schwarze Wasser des Todes, welches gleichzeitig das Wasser des Lebens symbolisiert, das zur Wiedergeburt führt. Der Suchende, begraben in den Tiefen seines eigenen Wesens, wartet auf den wiederbelebenden Kontakt mit der Quelle des Lebens, die ihm seine Wiedergeburt zur Unsterblichkeit verheißt.

Die weltliche Auslegung der Karte besagt, daß der Tod das Prinzip in der Natur ist, welches das Alte auslöscht und den Boden für das Wachstum neuen Lebens vorbereitet. Ohne den Tod hätte das Leben wohl kaum beginnen können, aber der Tod ist nicht das Ende; altes Leben macht nicht nur Platz für neues, sondern liefert auch das Material für dessen Aufbau und Struktur. Die Zukunft entspringt dem reichen Mutterboden der Vergangenheit. Nichts geht verloren und nichts wird verschwendet – nur die Form ändert sich.

Das Skelett symbolisiert die allem zugrundeliegende Fortdauer des Lebens. Obwohl sich Charakter und Erscheinung des einzelnen mit fortschreitendem Leben verändern, bleibt die sie tragende Knochenstruktur unverändert und hält das Fleisch des alten wie des jungen Menschen. Der negative Aspekt des Todes deutet auf die schmerzhafte Wahrheit hin, daß der Tod keine Rücksicht auf die Person nimmt; es fallen alle, die vor ihm stehen, und niemand kann diesem unausweichlichen Ende entkommen.

Divinatorische Bedeutung
Aufrecht: Ein unerwarteter, größerer Wechsel von Umständen, der jedoch die natürliche Folge einer bestehenden Situation ist. Zerstörung, die Glück im Unglück bedeutet, da sie den Weg freimacht für etwas Besseres.

Die Beseitigung von etwas aus unserem Leben, das sich überlebt hat oder überflüssig geworden ist, damit wir unbehindert in die Zukunft gehen können.

Umgekehrt: Die erzwungene Beseitigung von etwas, worauf man besser freiwillig verzichtet hätte. Das Element des Zufalls – der scheinbar willkürliche Aspekt des Schicksals, das grundlos etwas nimmt.

XIV Die Mäßigkeit

Eine engelhafte Gestalt mit Flügeln gießt Flüssigkeit aus einem Krug in ihrer rechten Hand in einen anderen, den sie in ihrer linken hält. Auf einigen Kartenvarianten ist ihre Stirn mit kleinen Blumen geschmückt. Sie steht draußen, unter freiem Himmel.

Das Bild von der Tugend Die Mäßigkeit – eine Frau, die Wasser von einem Gefäß in ein anderes gießt – ist wie das Bild Die Kraft und Die Gerechtigkeit aus der byzantinischen und mittelalterlichen Kunst bekannt.

Das Wort Mäßigkeit wird in diesem Zusammenhang im alten Sinne von ›Mischen von Bestandteilen im richtigen Verhältnis‹ verwendet. Diese Karte steht deshalb sinnbildlich für die Verbindung von Gegensätzen. Sie ist der Nummer vierzehn zugeordnet, die aus den arabischen Ziffern eins und vier besteht. Die Verbindung der Einheit mit der Vierheit ergibt das Pentagon, die fünfseitige Figur, welche organisches Wachstum, Inspiration und die Versöhnung unterschiedlicher Teile in einem Ganzen darstellt.

Nachdem er freiwillig das alte Selbst geopfert, die Macht der eigenen Schattenseite herausgefordert und sich von bewußten und unbewußten Begierden befreit hat, befindet sich der Suchende in der Situation, wie sie die abgeschlagenen Köpfe, Hände und Füße auf der Karte Der Tod anzeigen: abgeschnitten von allen Banden des alten Lebens, sicher verwurzelt im Boden des neuen. Aber noch ist er im Zustand der Ruhe vergleichbar der Saat des neuen Lebens. Nachdem er alles abgeworfen und nichts zurückbehalten hat, ist er schließlich in einen Zustand völliger Passivität getreten. Er glaubt nicht länger an sein Ego als Maßstab zur Bewertung der Welt und ist unfähig geworden, irgendein Werturteil zu fällen.

In diesem Stadium erscheint der Engel der Mäßigkeit und füllt die Leere im Bewußtsein des Suchenden mit dem Wasser neuen Lebens; er stellt das Gleichgewicht zwischen dem Bewußten und dem Unbewußten wieder her, und so bildet sich ein neues, viel wahrhaftigeres Zentrum, aus dem heraus er handeln kann.

Bevor er nicht bereit war, sein Ego und dessen Schatten zu verwerfen, konnte sich sein höheres Selbst nur schwach bemerkbar machen. Seine Persönlichkeit ließ keinen Raum dafür innerhalb der Grenzen des Bewußtseins.

Der Engel wird gelegentlich mit einem Fuß in einem Wasserteich stehend dargestellt. Der Teich symbolisiert die Tiefen des Unbewußten, so daß der Engel die Kluft zwischen der äußeren und der inneren Welt überbrückt.

Auf einigen Varianten der Karte wachsen blaue Iris am Teich. Diese Blumen sind nach der griechischen Göttin Iris benannt, deren Symbol der Regenbogen war. Die vollständige Symbolik des Regenbogens, der auch auf einigen Tarotkarten erscheint, ist kompliziert und tiefgründig. In einer Bedeutung symbolisiert der Regenbogen das wunderbare Lichtspektrum, das entsteht, wenn der Glanz des verborgenen Zentrums durch den Nebel des Unbewußten scheint und sich der Welt des Bewußtseins als eine leuchtendfarbige Brücke der Hoffnung – Bogen des Versprechens – zeigt.

Der Engel der Mäßigkeit kann als hochstehender Aspekt der Anima gedeutet werden, die weibliche archetypische Kraft, die im tiefen Unbewußten des Suchenden lebt und die Trägerin der inneren kreativen Kräfte ist. Sie erscheint hier als Mittlerin zwischen dem äußeren Bewußtsein und dem inneren Selbst.

In einem mittelalterlichen mystischen Werk sagt sie:
»Ich bin die Blume des Feldes und die Lilie in den Tälern, ich bin die Mutter der schönen Liebe, der Erkenntnis und der heiligen Hoffnung... Ich bin die Mittlerin zwischen den Elementen, die eines mit dem anderen versöhnt: was warm ist, kühle ich ab, was trocken ist, mache ich feucht; was hart ist, weiche ich auf und umgekehrt...«[12]

Die weltliche Interpretation der Mäßigkeit, auch bekannt als Der Engel der Zeit, erinnert an das Fließen der Zeit von der Vergangenheit in die Zukunft, die Kontinuität des Lebens und seine Übertragung von einer körperlichen Existenz auf die folgende. Man kann sie auch in Zusammenhang mit der Theorie der Reinkarnation sehen oder als über den Tod hinausgehende Kontinuität des Bewußtseins und als Erneuerung der Körperzellen verstehen.

Der negative Aspekt der Mäßigkeit läßt sie als ein Symbol der Frustration erscheinen – die Vergeudung kreativer Energie, die ständig hin- und hergestoßen wird durch einschränkende Umstände oder durch eine repressive Geisteshaltung. Es ist das Übel der Voreingenommenheit, die auf engen und einschränkenden Lebensregeln basiert und nicht zuläßt, daß die natürlichen schöpferischen Kräfte sich angemessen ausdrücken können.

Divinatorische Bedeutung
Aufrecht: Erfolg ist möglich durch sorgfältige Kontrolle der unbeständigen Faktoren. Deutet auf eine Situation, die sich durch eine geschickte Verbindung von Umständen und Menschen lösen läßt. Eine harmonische Partnerschaft wird gelegentlich angezeigt.
Umgekehrt: Widerstand hervorgerufen durch unpassendes Verhalten. Der Fortschritt wird durch ungeschickten Umgang mit einer im Grunde hilfreichen Situation behindert.

XV Der Teufel

Eine konventionelle Teufelsgestalt ist auf dieser Karte
abgebildet. Der Teufel steht oder hockt auf einem Stein-
sockel, er hat ein Paar lederne Schwingen und aus seinem
Kopf wachsen Hörner. Sein nackter Körper wirkt eher
weiblich; er hat große Brüste. In einigen Kartenvarianten
trägt er eine flammende Fackel in der einen Hand. Zu
seinen Füßen stehen zwei ebenfalls nackte niedere Dämonen, die Hörner und Schwanz, jedoch keine Schwingen
haben. Jeder Dämon wird durch einen lockeren Halfter
um seinen Hals festgehalten; der Halfter ist mit einer
Kette an dem Sockel befestigt.

Dieses Bild des Teufels und seiner Diener ist wie die
vorhergehende Tarotkarte eine typisch mittelalterliche

Der TEUFEL

Darstellung. In einigen alten Varianten scheint er anstelle echter Hörner eher einen Helm mit angesetzten Hörnern zu tragen und ähnelt sehr dem alten keltischen Gott Cernunnos, der möglicherweise der Prototyp des herkömmlichen christlichen Teufels war.

Die Karte hat die Nummer fünfzehn und setzt sich aus den arabischen Ziffern eins und fünf zusammen, die sechs ergeben. Sechs ist eine Zahl der Verbindung zweier gegensätzlicher Prinzipien, wie beispielsweise Die Liebenden (VI); sie ist die Zahl der Liebe. Der sechsstrahlige Stern oder das Hexagramm besteht aus zwei verschränkten Dreiecken – das aufwärtsgerichtete alchemistische Symbol des Feuers, welches mit dem abwärtsgerichteten Symbol des Wassers verbunden ist.

Hier liegt eine weitere Karte vor, die von der Versöhnung des Bewußtseins mit unbewußten Elementen handelt.

Nachdem der Suchende eine Verbindung zum inneren Selbst hergestellt hat, kann er sich weiter auf die Suche nach dem verborgenen Zentrum begeben. Er ist nicht mehr in den engen Grenzen seines Ego gefangen, sondern hat Kontakt zu den kreativen Kräften seines Unbewußten hergestellt.

In diesem Stadium begegnet er erstmals den kraftvollen Gestalten, die nicht nur Teil seiner persönlichen Psyche sind, sondern zu den unbewußten Schichten der Menschheit als Ganzes gehören. Sie gehören zu jenen »Ur-Bildern«, die zum Anfang allen Seins gehören – die unterirdischen Götter, deren Kraft gewaltig ist und die eine tödliche Anziehungskraft auf den bewußten Verstand ausüben.

Das kollektive Unbewußte hat wie das Ego eine Schattenseite, die alle nicht verwirklichten Aspekte der Menschheit enthält. Im Christentum wird dies personifiziert im Satan – der Teufel, der große Versucher, der Inbegriff des Bösen.

Im Altertum wurde diese ungezügelte Kraft durch Gottheiten wie Dionysos verkörpert, über den C.G. Jung sagte: »Dionysos bedeutet den Abgrund der leidenschaftlichen Auflösung aller menschlichen Besonderung in die tierhafte Göttlichkeit der uranfänglichen Seele – ein segensreiches und furchtbares Erlebnis, ...«[13]

Bei der Begegnung mit dieser Gestalt wird der Suchende tatsächlich mit einer Herausforderung konfrontiert; er erkennt jetzt, weshalb seine Suche »die Suche des Helden« genannt wird, da nur ein Held der Macht des Teufels widerstehen kann. Wie in dem früheren Stadium der Suche – als er sich seinem eigenen Schatten stellen und ihn bezwingen mußte, um im Sieg auf einem höheren Niveau wiedergeboren zu werden – so findet hier eine ähnliche Auseinandersetzung statt.

Die Begegnung mit dem Teufel ist die gefährlichste von allen, weil er die Energie des inneren Selbst verkörpert. Wenn er triumphiert, wird das Bewußtsein mit seiner dunklen Kraft überflutet, und der Suchende kann größenwahnsinnig werden. Dadurch daß er seine Ichbezogenheit wieder behauptet, wird er besessen von dem Gefühl seiner eigenen Macht und Weisheit. Er glaubt von sich selbst, der Empfänger allen Wissens zu sein, der göttlich berufene Bote Gottes – ja sogar die Inkarnation Gottes selbst. Er verhält sich wie ein Besessener, indem er die Attribute der Göttlichkeit für sich selbst in Anspruch nimmt.

Wenn aber der Mensch der Herausforderung des kollektiven Schattens begegnet und sie in ihrem Wesen erkennt, und wenn er die Macht des Teufels auf eine maßvolle und kontrollierte Art in den Bereich des Bewußtseins bringt, dann können die Kräfte der Dunkelheit in Kräfte des Lichts umgewandelt werden. In der Dunkelheit des Todes liegt die Saat des neuen Lebens; Satan wird zu Luzifer, der strahlende Engel, dessen Name »Licht-Bringer« bedeutet.

Die Aufgabe auf dieser Stufe der Suche besteht darin, das tiefste Streben der Natur zu begreifen und zu integrieren; ein Streben, das eigenen machtvollen Gesetzen folgt und in lebensfördernde evolutionäre Bahnen gelenkt werden muß.

Im traditionellen Okkultismus ist Pan die zentrale Gestalt dieser Karte. Im Altertum war Pan einer der Götter, der als Lebensspender, Herr der Fruchtbarkeit, des Überflusses und der Zeugung angebetet wurde. Das Bild des Pan ist genauso entscheidend wie das des Todes. Ohne den Tod wäre das Leben in einer überbevölkerten Welt unhaltbar; ohne die Lebenskraft wäre das Leben nie aus den Ursümpfen aufgestiegen.

Pan lehrt uns, daß die Natur nicht verachtet werden darf. Unabhängig von seinem Entwicklungsstand besitzt jeder einen menschlichen Körper, der mit menschlichen Instinkten und Gefühlstrieben ausgestattet ist. Aber man darf sich durch sie nicht versklaven lassen. Die zwei menschlichen Gestalten auf der Karte veranschaulichen diese Gefahr und zeigen auch, daß sie vermieden werden kann. Die Kette, die sie festhält, ist nicht so stark, wie sie auf den ersten Blick erscheinen mag; sie könnte abgestreift werden, wenn sie es wünschten. Die Kräfte des Instinkts sind ein wesentlicher Bestandteil des Lebens, aber sie müssen den zivilisierten Seiten des Bewußtseins untergeordnet werden.

Aufrecht: Weist auf die Notwendigkeit, das niedere Selbst zu sublimieren, indem seine Energie in nutzbare Kraft umgewandelt wird. Gelegentlich ist die Bedeutung, daß verborgene Kräfte am Werke sind, die bei der Planung von Vorhaben beachtet werden sollten.

Umgekehrt: Machtgier, Versuchung, die eigene Position für persönliche Zwecke zu mißbrauchen. Warnt vor einem Versuch der eigenen Instinkte, die Herrschaft zu übernehmen. Kann auch auf eine gefährliche Unterdrückkung der Instinkte durch den Intellekt hinweisen.

XVI Der Turm

Ein starker Turm auf einer grasbewachsenen Anhöhe wird von einem Blitz getroffen. Die befestigte Spitze des Turmes wird von dem Druck angehoben, und Feuer fährt tief ins Innere. Flammen schlagen aus den drei Fenstern, und ein Funkenregen fällt von allen Seiten herab. Zwei menschliche Gestalten stürzen kopfüber von ihrer vom Blitz getroffenen Zufluchtstätte.

Diese Karte symbolisiert die umgekehrte Seite der vorhergehenden. Der Gegenpart des Dionysos, Herr des Dunklen und Irrationalen, ist Apollo, Herr des Lichts und der Vernunft; der Gegenpart Satans, des Teufels, ist Luzifer, der Lichtbringer.

Der Turm hat die Nummer sechzehn in der Folge. Sechzehn setzt sich in arabischen Ziffern aus eins und sechs zusammen, die sieben ergeben. Sieben ist eine solare Zahl, die Macht und Wirksamkeit bedeutet. In der Tarotkarte VII, Der Wagen, erkennt man den Einfluß der Sonne in ihrem guten Aspekt in Gestalt des Helios;

Der TURM

hier ist die rohe Kraft der kosmischen Energie zu sehen, die ungeschützt herniederfährt.

Der Blitz war eines der Attribute des Jupiter, und auch im Mahayana- und im Tantrischen Buddhismus ist er ein Symbol für das überwältigende Licht der Wahrheit, das alle Falschheit und letztlich alle Dualität vernichtet. Es ist der Blitz der inneren Erhellung, der die Freiheit der Erleuchtung bringt.

In französischen Tarotdecks heißt diese Karte allgemein *La Maison Dieu*, das Haus Gottes. Möglicherweise handelt es sich dabei um eine mißverstandene Interpretation des italienischen Wortes *caso* = Chance oder Schicksal.

Die Turmspitze wurde durch den feurigen himmlischen Blitzstrahl aufgebrochen. Symbolisch stellt der höchste Punkt eines Gebäudes häufig die Spitze des Bewußtseins dar; im funkenden Herabfahren stößt der Blitz der reinen Selbstheit – die Ur-Energie der Psyche – alle Strukturen des Ego beiseite und zerreißt diese.

Nachdem sich der Suchende gesammelt und die wahre Natur des Teufels akzeptiert hat, erkennt er darin die verwandelte Gestalt Luzifers, welche die Reinheit der göttlichen Wahrheit verkörpert. Sein erschütternder Blitzstrahl macht alle vorangegangenen Vorstellungen unwirksam, gleich dem Opfer des Gehängten auf einer weniger tiefen Stufe.

Das Bewußtsein steht hier schließlich in direktem Kontakt mit den Ur-Kräften des verborgenen Zentrums, dem Ziel der mystischen Suche. Das Licht des Luzifer ist nicht das sanfte Strahlen der Intuition, das aus den Tiefen durchschimmert, sondern das gleißende Licht des Gottesbewußtseins, jenes uneingeschränkte Licht, das Paulus auf der Straße nach Damaskus blendete. Jesus soll einmal gesagt haben: »Wer mir nahe ist, ist nahe dem Feuer.«[14]

Der Fluß und das Feuer des Lebens sind wesentlich für das Erlangen von Ganzheit. Die Alchemisten stellten sich ihr »aqua nostra« oder Wasser des Lebens als *ignis* (Feuer) vor. Das alles auflösende »aqua nostra« ist auch ein Grundbestandteil zur Herstellung des Steins der Weisen, der Unsterblichkeit verleiht.

Die Wirkung dieses Feuers kann den Geist von seinen Fesseln befreien und den Weg öffnen, der zum Zentrum führt; wenn aber das Bewußtsein nicht vorbereitet ist und nicht fest auf einer soliden Grundlage steht, kann der Weg in einer Katastrophe enden. Psychologisch ausgedrückt kommt es zu einer Bewußtseinsspaltung, die Spaltung des Geistes gegen sich selbst. Die Kraft des Blitzes kann den Turm des Bewußtseins in das »Haus Gottes« verwandeln, oder ihn unwiederbringlich zertrümmern.

In weltlichen Begriffen zeigt Der Turm den Untergang einer überholten Philosophie an, die nicht in der Lage ist, sich neuen Umständen anzupassen. Am Anfang seiner Entwicklung nimmt der menschliche Geist leicht neue Ideen und Vorstellungen auf und baut sich daraus einen geistigen Rahmen, an dem er sich in seinem Leben orientiert. Im Altern neigt der Geist dazu, zu erhärten und allmählich starr zu werden, so daß er neue, nicht leicht in die bestehenden Strukturen passende Aspekte nur schwerlich akzeptiert.

So verliert der Geist den Kontakt zur Dynamik der Realität. Dogmatische Mauern verhindern eine Anpassung an die sich wandelnden Umstände; und wenn der Mensch einer größeren gedanklichen Herausforderung gegenübersteht, kann er nur zusammenbrechen und es dem verwirrten Geist überlassen, mit dem augenscheinlichen Chaos ringsherum fertig zu werden, so gut er kann. Die Lektion dieser Karte lautet, daß der Mensch sich nur in einer Struktur behaupten kann, solange diese flexibel und entwicklungsfähig bleibt. Das Leben selbst befindet sich in einem ständigen Fluß, und menschliche Konstruktionen können nur überdauern, wenn sie sich diesem Fluß anpassen.

Divinatorische Bedeutung
Aufrecht: Leiden des Einzelnen durch schicksalhafte Kräfte, die sich in der Welt auswirken. Die scheinbare Ungerechtigkeit von natürlichen Unglücksfällen, von denen alle betroffen werden, – die Unschuldigen wie die Schuldigen gleichermaßen.
Umgekehrt: Heraufbeschwören eines Unglücks, das hätte vermieden werden können. Unnötiges Leiden, Selbstzerstörung, Selbstauflösung.

XVII Der Stern

Ein nacktes Mädchen kniet am Ufer eines Flusses oder Teiches und gießt Wasser aus zwei Krügen. In vielen Varianten dieser Karte befindet sich hinter ihr ein Baum, über dem ein Vogel schwebt. Am Himmel erkennt man acht Sterne, von denen sich einer durch seine besondere Größe und Form abhebt.

Diese Karte trägt die Nummer siebzehn, was in arabischen Ziffern auf die Acht reduziert wird. Wegen ihrer Form wurde die Zahl acht im Mittelalter als Symbol der Erneuerung und Wiedergeburt angesehen und deshalb mit der Taufe in Verbindung gebracht. Auch wurde die achte Sphäre des Himmels als Bereich der Fixsterne angesehen.

Der STERN

Der in der Nacht leuchtende Stern ist ein Sinnbild für den Geist, das mystische Zentrum und für den Ruf des Schicksals. Der Alchemist betrachtete den Stern als ein Symbol der Imagination, die ihn verband mit den Kräften des Unbewußten und mit der Materie, die er umwandeln wollte.

Auf den Sturm und Blitz der vorhergehenden Karte folgt nun der Regen, welcher Frieden, Erquickung und das Regen neuen Lebens mit sich bringt.

Das ausgegossene Wasser ist das *aqua nostra*, das Wasser des Lebens oder die psychische Energie, die nötig ist, um das Bewußtsein von der sublunaren Welt in die höheren Sphären hinüberzutragen.

In den alten Mystrien des Mithras findet man folgenden Satz: »Ich bin ein Stern, der mit dir geht und aus der Tiefe scheint.«[15]

Nach der Initiation durch das Feuer unterzieht sich der Held der Wassertaufe, so wie die Flammen von den heiligen Wassern des Lebens gekühlt werden. In gleichen Mengen ergießt sich das Wasser auf die Erde und in den Teich; Bewußtsein und Unbewußtes befinden sich im Gleichgewicht und sind miteinander vereint, nachdem der psychische Konflikt wieder gelöst wurde.

Obwohl die Reise noch nicht beendet ist – das mystische Zentrum muß noch erreicht werden – versichert ihm der Stern, daß seine Reise sich ihrer Vollendung nähert. In einiger Entfernung ist der Baum des Lebens zu erkennen, eine Ankündigung der vor ihm liegenden Unsterblichkeit, während über der Krone des Baumes die heilige Taube schwebt, Symbol des Heiligen Geistes, des göttlichen Boten.

Der Glaube des Suchenden ist belohnt worden; nachdem das reinigende Feuer seine Augen geöffnet hat, muß er nicht länger blind durch die Nacht der geistigen Dunkelheit stolpern, nur gelenkt vom flackernden Licht seines Intellekts und der gedämpften Stimme seines höheren Selbst. Die Anwesenheit des Sterns zeigt an, daß seine Suche nicht umsonst war und daß in angemessener Zeit die Sonne aufgehen und er im übernatürlichen Licht stehen wird.

Die weltliche Interpretation des Sterns weist auf Verständnis und Vorurteilslosigkeit hin, wenn die Tore des Geistes offenstehen. Im Gegensatz zur vorhergehenden Tarotkarte Der Turm ist das hier symbolisierte Bewußtsein nicht starr und in sich verschlossen, sondern offen und frei wie die weite Landschaft auf der Karte.

So ist das Bewußtsein in der Lage, den Zustrom ursprünglicher Einsicht zu empfangen, zugleich bewußt (das auf die Erde gegossene Wasser) und unbewußt (das in den Teich gegossene Wasser). Die darüber leuchtenden Sterne repräsentieren das höhere Streben, welches den Geist ständig zu neuen Höhen ruft und die dunklen Schatten der Selbstzufriedenheit und Ignoranz in Schach hält. Im negativen Aspekt der Karte bleiben diese Möglichkeiten versagt.

Divinatorische Bedeutung
Aufrecht: Einblick in zukünftige Möglichkeiten, die Hoffnung und Erfüllung bieten. Physische und geistige Erweiterung des Horizontes. Neues Leben und neue Energie erscheinen als Geschenk der Götter.
Umgekehrt: Starrheit des Geistes, der nicht über die gewohnten Grenzen hinaus kann, um neue Möglichkeiten des Fortschritts wahrzunehmen. Unfähigkeit oder Widerstreben, den eigenen Standpunkt zu erweitern. Selbstzweifel und Mangel an Vertrauen.

XVIII Der Mond

Im unteren Teil der Karte befindet sich ein tiefer geheimnisvoller Teich, aus dem ein Krebs versucht, ans trockene Land zu kriechen. Ein Pfad führt weg vom Teich und windet sich zum Horizont. Er wird von zwei Tieren bewacht; auf einigen Kartenvarianten sind dies zwei Hunde, auf anderen ein Hund und ein Wolf. In einiger Entfernung stehen zwei Wachtürme, die ein Tor zu den dahinter liegenden, geheimnisvollen Bereichen bilden. Darüber steht ein Vollmond am Nachthimmel. Wassertropfen schweben in der Luft, als ob sie durch die Kraft des Mondes angezogen würden.

Die Symbolik des Mondes erinnert an die Glaubensvorstellung der ketzerischen Katharer, die lehrten, daß nach dem Tode die Seelen der Vollkommenen zur himmlischen Seligkeit heraufgezogen werden, während die niederen Menschen sich in Tiergestalt reinkarnieren.

Die Tarotkarte ist die Nummer achtzehn in der Folge und wird in arabischen Ziffern auf die Neun reduziert. Als letzte der einstelligen Zahlen zeigt sie an, daß diese Karte den letzten Teil einer weiteren Stufe der Suche darstellt, und wie die Karte Der Eremit (IX), ist diese ein Bild der Einsamkeit und Verletzbarkeit.

Der Stern hat dem Helden gezeigt, daß das Ende schon in Sicht ist, jetzt muß er auf dunklem Pfad der Dämmerung entgegenreisen. Seine Fähigkeiten haben die äußerste Grenze erreicht; er muß sich lösen von allen Sinnen, die ihn bis hierher geführt haben, und sich ganz dem nichtrationalen Einfluß des inneren Lichts hingeben.

Wenn er genug Mut besitzt, diesem Licht zu folgen, so

Der MOND

wird es ihm den Pfad zeigen, der ihm den Zugang zum geheimen Reich des höheren Selbst verschafft.

Früher wurde der Mond häufig als das Reich der Toten betrachtet. Nach dieser Vorstellung verließen die Seelen der Sterbenden den Körper und wurden in aller Stille zum Mond hinaufgezogen, wo sie bis zum Augenblick der Wiedergeburt sicher bewahrt wurden. Zugleich symbolisierte der Mond den mütterlichen Schoß als Quell neuen Lebens. So hatte der Mond zwei Aspekte; er wurde als dunkle Höhle des Todes gefürchtet und als Tor zu neuem Leben verehrt.

Seinen negativen Aspekt symbolisiert Hekate, die Wächterin an den Toren des Hades; der Hund gehört zu ihren wichtigsten Attributen. Hekate war die dunkle Mutter, die alle in den Wahnsinn trieb, die sie verachteten. Man muß ihrer Herausforderung begegnen, um den so schwer erreichbaren Schatz, das neue Leben, zu erringen.

Das dunkle Reich der Hekate ist hier veranschaulicht. Im unteren Bereich der Karte befindet sich der Krebs, Symbol der primitiven, verzehrenden Kräfte des Unbewußten, die es zu überwinden gilt. In mittlerer Entfernung befinden sich der Wolf und der Hund, die nicht immer verläßlichen Führer zum Land der Toten. Hinter ihnen befinden sich die Pylone des Tores zum Hades – das Portal des dunklen Schoßes – während über allem der Mond steht, der die Seelen mit seiner unwiderstehlichen, magischen Kraft anzieht.

Der Held befindet sich in einem kritischen Stadium, seine Existenz steht auf dem Spiel. Läßt er sich vom Glanz des Mondes vereinnahmen, so ist seine Suche am Ende.

Aber wenn er sich weiter vorwärts bemüht, nicht von dem schmalen, vor ihm liegenden Pfad abweicht und dem Zauber der Illusionen um ihn herum erliegt, dann wird er zu der entlegeneren Seite der düsteren Höhle gelangen und ins Licht eines neuen Tages treten.

In negativer Hinsicht warnt die Karte vor den Gefahren der unkontrollierten Imagination, wo der Phantasie nachgegeben wird, um vor der Realität zu fliehen.

Divinatorische Bedeutung

Aufrecht: Eine Glaubenskrise – nicht der Verstand, sondern ausschließlich Intuition kann den Fragesteller vorwärtsbringen. Man kann sich nur auf sich selbst verlassen.

Umgekehrt: Nervenversagen. Angst davor, über sichere Grenzen hinauszugehen. Eine Wahl eher zugunsten des Bestehenden als zugunsten des Möglichen.

XIX Die Sonne

Hier sind zwei Kinder vor einer Mauer stehend oder tanzend abgebildet. Auf einigen Kartenvarianten umschließt sie ein Zauberring, und üppige Sonnenblumen überragen die Mauer hinter ihnen. Die Sonne steht im Zenit, und Tropfen fallen von ihren Strahlen.

Die Sonne ist in der Folge die Nummer neunzehn, die sich auf die Zehn reduzieren läßt. Die Zehn symbolisiert die Rückkehr zur Einheit aus der Vielfalt und weist auf die Erlangung des endgültigen Ziels hin. Wie Das Rad des Schicksals (X) deutet die Sonne auf die schützenden Qualitäten des Mandala hin, das den Zugang zum mystischen Zentrum eröffnet. Der Bereich der kollektiven Psyche wird oft poetisch als »das Land der Kinder«

Die SONNE

bezeichnet – das Land der Unschuld und des undifferenzierten Bewußtseins, was sich auch in den Worten Jesu widerspiegelt: »Wenn ihr nicht umkehrt und werdet wie die Kinder, so werdet ihr nicht ins Reich des Himmels kommen.«[16]

Die Kinder befinden sich hier in einem umschlossenen Raum, einem *Temenos* (magischer Kreis), der sie vor den Gefahren der Seele beschützt. Es ist ein Ort der Zuflucht, wo sie sich erholen und wachsen können.

Der Held hat der Verlockung der Mondnacht widerstanden und ist bis zu dem sonnenbeschienenen Garten gelangt. Er hat das Land der Toten durchschritten und ist zu einem neuen Leben aufgestiegen. Auf dieser Karte werden seine beiden Hälften als Kinder dargestellt, wiedervereint unter der gütigen Sonne des Geistes, im reinen und unbefleckten Licht des inneren Selbst. Sie tanzen vor Freude im verborgenen Garten der Seele.

Sein altes Selbst ist tot, und er sieht nicht mehr mit den Augen eines Sterblichen; sein neues Leben entfaltet sich unter den regenerierenden Strahlen der zentralen Sonne mit der Unschuld eines neugeborenen Kindes. Das Bewußtsein hat über die tödlichen Gefahren des Unbewußten triumphiert und ist nun aus Hekates Unterwelt befreit. Der Fluß des Todes hat den Weg zur Quelle der Jugend gezeigt.

Aber trotzdem ist die Suche noch nicht ganz beendet. Die Sonne, das wahre Zentrum und mystische Ziel, befindet sich noch außerhalb der Reichweite, und obwohl die Zwillinge im Tanz verbunden sind, so sind sie doch noch voneinander und von der Sonne getrennt.

Vor dem letzten Schritt müssen die beiden Gegensätze vereint und so ihre Dualität transzendiert werden. Nur so kann der Held Unsterblichkeit erlangen. Die eher gütige

Erscheinung der Sonne täuscht über ihre unermeßliche Kraft hinweg. Die wiedergeborene Persönlichkeit könnte ihrer ungebrochenen Kraft noch nicht standhalten. Die Mauer hinter den Kindern symbolisiert den Schleier vor ihren brennenden Strahlen. Ihre lebensspendenden Eigenschaften zeigen sich in den Sonnenblumen, die über die Mauer ragen, und in den fallenden Tautropfen.

Erst wenn die Kinder ihre volle Gestalt erreicht haben, können sie weiter voranschreiten. Sie sind wie Embryos im Mutterleib, die bis zur Geburt reifen müssen.

Die Sonne ist das Symbol der psychischen Ganzheit, der ungeteilten Vereinigung von Bewußtsein und Unbewußtem. Die Zwillingshälften der Psyche werden von Kindern dargestellt, weil sie noch einen Schritt von der vollständigen Integration entfernt sind; sie sind immer noch schutzbedürftig vor der starken Sonnenglut.

Der negative weltliche Aspekt der Sonne spiegelt sich in Menschen, die ihr Leben auf der Sonnenseite verbringen, die ihr ganzes Streben auf die Befriedigung ihrer körperlichen Bedürfnisse richten und die Welt außerhalb völlig vergessen. Sie sind so unschuldig, gedankenlos und potentiell grausam wie Kinder.

Divinatorische Bedeutung
Aufrecht: Aufrechterhaltung kühner Ideen, Erfolg und Gelingen entgegen allen Widrigkeiten. Der Triumph des Erneuerers, der ideenreiche Mensch. Das Erreichen einer sicheren Zuflucht nach einer Zeit der Gefahren. Beifall und Billigung, eine gerechtfertigte Belohnung.
Umgekehrt: Falsche Beurteilung, die in Niederlage und Schmach endet. Die Entlarvung eines Menschen, der durch zweifelhafte Mittel erfolgreich war. Erfolgsillusionen anstelle tatsächlich erreichter Ziele.

XX Das Gericht

Ein Engel erscheint am Himmel und bläst eine Trompete.
Wie als Antwort erheben sich drei nackte Gestalten aus
der Erde. Gelegentlich sind zwei Gestalten abgebildet,
die aus dem Meer aufsteigen, während die dritte, zentrale
Gestalt in einem Grab steht.

Diese Karte zeigt die bekannte Szene des Jüngsten
Gerichts: wenn der Erzengel die Trompete zum letzten
Mal bläst und die Toten sich aus den Gräbern erheben.
Die Karte ist die Nummer zwanzig in der Abfolge, was
die Dualität der Nummer zwei auf einer höheren Ebene
symbolisiert. Hier taucht wieder der Gegensatz des
Höheren und des Niederen auf, aber jetzt drängen beide
näher zueinander und nähern sich der endgültigen Synthese.

Das göttliche Geschwisterpaar auf der vorangegangenen
Karte ist jetzt erwachsen, zwischen ihnen steht das Kind
ihrer Vereinigung. Die Zeit des geduldigen Wachsens,
symbolisiert durch die Sonne, ist abgeschlossen. Der
Engel der Auferstehung bläst in sein mächtiges Horn,
und die Psyche ist von den Mauern befreit, die sie
gefangenhielten. Ihre beiden Hälften sind nun gereift; sie
haben ihre vollen Fähigkeiten erreicht, und zwischen
ihnen steht das göttliche Kind oder das regenerierte
Selbst.

In der Psychologie kündet der Traum oder die Vision des
göttlichen Kindes eine bedeutende Stufe in der geistigen
Entwicklung an. Bei den Alchemisten war das göttliche
Kind ein Symbol für den Stein der Weisen, den schwer zu
erlangenden Schatz. Als der jugendliche innere Gott ist
das Kind der eigentliche Führer zum mystischen Zentrum, dem Ziel allen Suchens.

GERICHT

Der Trompetenstoß, der Ruf aus der Ewigkeit, verkündet, daß die beschwerliche Suche bald ihre Erfüllung findet. Die individuellen Elemente der Psyche haben ihre vollständige Integration erreicht und werden wiedergeboren. Der letzte Schatten der Illusion ist im Begriff wegzuschmelzen und bringt das »große Werk« zur Vollendung.

Das Banner des Engels, ein scharlachrotes Kreuz auf weißem Grund, symbolisiert den Vereinigungspunkt aller Gegensätze. Es ist die große Konjunktion, das ruhende Herz des Schicksalsrades, das jetzt in der Bewegung innehält; die zeitlose Nabe des Kosmos.

Das Meer, aus dem die Gestalten aufsteigen, befindet sich in der Mitte zwischen Himmel und Erde und deutet auf das Übergangsstadium zwischen Leben und Tod, oder

Tod und Wiedergeburt. Es ist ein Binnenmeer, das Wasser des Mutterleibes, in dem sich das neue Leben entwickelt innerhalb einer schützenden und umhüllenden Umgebung.

In der Außenwelt bezieht sich die Karte auf die kreativen Impulse des Menschen, die an das Höchste in ihm appellieren; die göttliche Unzufriedenheit, die ihn zu immer größeren Anstrengungen treibt.

Im negativen Aspekt des Gerichts wird der Trompetenstoß zwar gehört, aber falsch verstanden; er führt entweder zur Suche nach der verlorenen Jugend oder zum Streben nach »fremden Göttern«, was viele westliche Suchende veranlaßt, östliche Heilslehren zu studieren, für die sie nicht die entsprechenden Voraussetzungen mitbringen.

Divinatorische Bedeutung
Aufrecht: Freude an der Vervollkommnung, neue Lebenszuversicht, Rückkehr zur Gesundheit, berechtigte Freude am Erreichten.
Umgekehrt: Verlust, Schuld, Vorwürfe wegen verpaßter Chancen. Bestrafung für Versagen.

XXI Die Welt

Eine jugendliche Gestalt tanzt in der Mitte eines Kranzes. Ihr einziges Kleidungsstück ist ein lockerer Schleier, und in jeder Hand trägt sie einen Stab. Der Kranz wird umrahmt von den vier Tetramorphen, dem Engel, Adler, Löwen und Stier, Sinnbilder der Evangelisten in der christlichen Ikonographie.

Die Gestalt stellt das Ziel der Alchemisten dar, *Anima Mundi*, befreit von den Fesseln der Materie. Der Abschluß der »Großen Arbeit« wird durch das kosmische Ei symbolisiert, in dem sich das Chaos in Ordnung verwandelt; der Kranz steht für den höchsten Sieg. Die vier mythischen Tiere in den Ecken der Karte sind alte Schutzsymbole – die Vierheit der Kräfte, die die Stabilität kosmischer Prozesse gewährleisten. Diese letzte Karte in der Folge ist mit einundzwanzig beziffert. In arabischen

Ziffern kann sie auf drei reduziert werden, die Zahl der Synthese und Schöpfung.

Nach alten Überlieferungen soll der wallende Schleier die Tatsache verhüllen, daß die Tänzerin hermaphroditisch ist, also die physischen Merkmale beider Geschlechter vereint. Das würde gut mit der Symbolik der Karte als der letzten Karte im Tarotzyklus übereinstimmen.

Die Suche ist beendet, das Ziel erreicht. Das Selbst hat schließlich die wahre Einheit erlangt und ist nun unteilbar. Die gegengeschlechtlichen Elemente sind versöhnt; die Psyche hält nicht länger die Illusion ihrer eigenen Abgetrenntheit aufrecht und ist sich bewußt, daß sie Teil des Universums ist. Im mystischen Zentrum schwebend bewegt sich der Androgyne mit freudiger Hingabe, indem er ekstatisch am »Tanz des Lebens« teilnimmt.

Die zwei Stäbe stellen den positiven und negativen Pol der Energie dar, zwischen denen die Gezeiten des Universums fließen. Sie halten das Selbst nicht länger gefangen, sondern werden – beiläufig – fast selbst gehalten.

Die Tänzerin befindet sich im ruhenden Punkt, wo sich Vergangenheit und Zukunft, Evolution und Involution, Handeln und Nichthandeln überschneiden und gegenseitig beeinflussen.

Dieses Tarotbild ist ein Mandala, ein Ursymbol der psychischen Ganzheit. Solche Darstellungen haben im allgemeinen die Form eines Kreises, in der Mitte ist oft ein quadratisches Gebilde, ein Symbol des Selbst.

In diesem Fall ist die hermaphroditische Tänzerin das Symbol des Selbst; der sie umringende Kranz symbolisiert das kosmische Ei, welches das Universum enthält; die vier Gestalten außerhalb des Kranzes stellen die vier Funktionen des Bewußtseins dar oder die vier Aspekte des Selbst.

Die Tarotkarte dient als visueller Führer auf dem Weg zum integrierten Herzen der Psyche, dem Kern der Ur-Energie. Es ist der quadrierte Kreis, der diamantene Lotus, die goldene Blume, die mystische Rose.

Jung sagt dazu:

»In der Alchemie bedeutet das Ei das vom Artifex erfaßte *Chaos*, die ›prima materia‹, welche die darin gefesselte Weltseele enthält. Aus dem Ei, welches durch das *runde* Kochgefäß symbolisiert wurde, erhebt sich der *Adler* resp. Phönix, die nunmehr *befreite Seele*, die letzten Endes wiederum identisch ist mit dem Anthropos der in der Physis gefangen war.«[17]

Bezogen auf die gesamte Tarotfolge kann Die Welt als der Höhepunkt der Suche verstanden werden; gleichzeitig birgt sie aber auch den Keim für ein neues Streben zu höheren Ebenen. Betrachtet man den Kranz als Gebärmutter und das eingeschlossene Wesen als den darin wachsenden Embryo, so führt dieses Bild zur nächsten Karte, dem Narren, das Symbol des neugeborenen Kindes am Anfang seiner Lebensreise. Und so beginnt der Kreislauf aufs neue.

Divinatorische Bedeutung
Aufrecht: Der endgültige und erfolgreiche Abschluß einer Angelegenheit. Das ›Auf-den-Punkt-bringen‹ einer Frage oder einer Reihe von Umständen. Der Höhepunkt von Ereignissen. Das Ende eines Schicksalskreislaufs.
Umgekehrt: Stagnation, Verlust des Schwungs, Versagen des Willens, Fixiertheit und das Kreisen von Energie in festgelegten und überholten Bahnen.

(0) Der Narr

Wenn der Narr am Ende der Folge erscheint, hat er seine
Reise abgeschlossen und geht heiter durch die Welt, die
in ihrer Erscheinung durch seine eigene innere Transformation umgewandelt worden ist. Wo einst Uneinigkeit
war, herrscht nun Harmonie, wo sich Verzweiflung aus-
breitete, zeigt sich jetzt Erfüllung; wo eintönige Häßlich-
keit vorherrschte, leuchtet nun jedes Detail des Universums in bedeutungsvoller Schönheit.
Der Narr ignoriert den Abgrund zu seinen Füßen, weil er
um seine Unsterblichkeit weiß und deshalb nicht verletzt
werden kann. Er identifiziert sich nicht mehr mit seinem
physischen Körper oder mit seiner irdischen Persönlichkeit, und deswegen fürchtet er nicht um seine Sicherheit.

Der NARR

Der Hund, der nach seinem Schenkel schnappt, repräsentiert die überholten Gedanken und Werte der weltlichen Existenz und wird gleichfalls nicht beachtet auf dem weiteren Weg.

Die Sonne über ihm ist das reine Licht des Geistes, das auf ihn herabscheint, und die weißen Rosen, die hinter seinen Fersen wachsen, symbolisieren die Früchte des Geistes, die seinen Fußstapfen entspringen.

Er reist nicht mit leeren Händen, denn er trägt in seinem Bündel den gesammelten Vorrat an überirdischer Weisheit. Dieses Bündel ist gelegentlich mit einem Auge ausgeschmückt, welches das geistige Wissen kennzeichnet; die vollständige psychische Integration, Lohn für seine vergangenen Anstrengungen, wird symbolisiert durch die weiße Rose in seiner Hand.

Der Schmetterling, der seine Aufmerksamkeit beansprucht, verkörpert den Geist des Lebens, der ihn zu neuen Abenteuern und noch höheren Kenntnissen führt.

5. Der esoterische Tarot

Das Interesse an Tarotkarten, das über seinen Wert als Spiel oder Wahrsagemethode hinausging, ruhte bis ins späte 18. Jahrhundert, als sie der französische Schriftsteller Antoine Court de Gébelin (1725–1784) wiederentdeckte. Gébelin war ein Amateurgelehrter, dessen Interessen Mathematik, Naturgeschichte, Sprachen, Mythologie und die Antike umfaßten.

Zwischen den Jahren 1773 und 1784 veröffentlichte er neun Bände eines umfangreichen Werkes mit dem Titel *Le Monde Primitif Analyse et Compare avec le Monde Moderne*, das durch seinen Tod unvollendet blieb. Es wurde als ein Werk von großer Gelehrsamkeit, ein Vorhaben, zu gewaltig für die Anstrengungen eines einzelnen, bezeichnet – ein eindrucksvolles Monument eines bemerkenswerten Menschen.

Im achten Band dieses Buches, das 1781 in Paris erschien, sagt Gébelin: »Wenn man wüßte, daß in unseren Tagen ein Buch aus dem alten Ägypten existierte, eines der Bücher, das der böswilligen Zerstörung entronnen ist ... ein Buch über ihre reinsten und interessantesten Lehren, so wäre zweifellos jeder begierig, ein so außergewöhnliches und kostbares Buch kennenzulernen.« Mit diesem Buch meinte er die Tarotkarten.

Er hatte begonnen, sich für Tarot zu interessieren, als er die Karten im Hause eines Freundes in Paris zum ersten Mal sah und erfuhr, daß sie in einem großen Teil Europas bekannt waren. Daraufhin entschloß er sich, ihre Herkunft zu ergründen.

Zu dieser Zeit brachte man dem mysteriösen Ägypten wachsende Aufmerksamkeit entgegen, aber da noch kein Schlüssel zur Entzifferung der Hieroglyphen gefunden worden war, mußten sich die Gelehrten einzig auf die Berichte der alten Autoren wie Herodot, Jamblichus und Plutarch verlassen, um ein Bild vom ägyptischen Leben und Denken zu rekonstruieren.

Gébelin vermutete, daß die Tarotkarten der Überrest eines ägyptischen Lehrbuches waren – das Buch des Thoth, Herr der Magie. Er behauptete, daß in der Symbolik der Tarotbilder die Schlüssel zur Weisheit und zu den okkulten Kräften der Alten Welt zu finden seien.

Nur achtzehn Jahre nach der Veröffentlichung von *Le Jeu des Tarots* wurde 1799 bei der ägyptischen Stadt Rosetta ein Basaltfragment mit einer Doppelinschrift in griechisch und in Hieroglyphen gefunden. Die Entdeckung des Rosetta-Steins führte zu einer allmählichen Entzifferung ägyptischer Schriften, was den Archäologen ermöglichte, ein genaues Bild vom Leben im alten Ägypten zu konstruieren – ein Bild, das die Tarotkarten oder ihre Symbolik nicht beinhaltete.

Aber inzwischen hatte Gébelins romantische Theorie populäre Zustimmung und die Unterstützung anderer, weniger scharfsinniger Schriftsteller gefunden. Alliette, ein Pariser Barbier und Perückenmacher war der erste, dessen Erklärungen zum Thema Tarot 1783 erschienen, nur zwei jahre nach der Veröffentlichung des letzten Bandes von *Le Monde Primitif*.

Unter dem Pseudonym Etteilla (sein Name, rückwärts geschrieben) veröffentlichte er in den Jahren 1783 bis 1787 mehrere Bücher und Tarots, die auf seinen eigenen

Neuerungen basierten. Von letzteren behauptete er, daß sie Nachbildungen der ursprünglichen ägyptischen Bilder seien, die angeblich im Laufe der Jahrhunderte verfälscht worden waren.

Etteilla und seine Geheimlehren waren über viele Jahre in Frankreich populär, und die *Tarots d'Etteilla* werden noch heute hergestellt. Er behauptete, die Geheimnisse der Karten mehr als dreißig Jahre studiert zu haben, und seine Vorliebe für ihren Gebrauch in der Divination hing möglicherweise zusammen mit dem wiederauflebenden Interesse an allen Formen der Divination im napoleonischen Frankreich.

Marie Lenormand (1772–1843), von der man sagt, sie habe die Heirat von Napoleon I. und Josephine vorhergesagt, benutzte bei ihrer Arbeit eine Art von Tarotkarten, die jedoch sehr stark verändert waren. Sie erlangte eine Position von gewissem Einfluß, da sie von bedeutenden Klienten wie dem Zaren Alexander I. von Rußland aufgesucht wurde, und war nach ihrem Wohnsitz bekannt als »La Sibylle du Faubourg Saint Germain«.

Nach Etteilla setzten sich einige unabhängige Gelehrte, die am allgemeinen Ursprung von Spielkarten interessiert waren, mit dem Tarot auseinander. In England unterstützte Samuel Weller Singer in seinem 1816 veröffentlichten Buch *Researches into the History of Playing Cards* die frühere Theorie von Covelluzo, nach der die Karten arabischer Herkunft und über Italien nach Europa gelangt sein sollten.

1848 veröffentlichte W.A. Chatto in London eine ernsthafte und umfassende Abhandlung über Spielkarten, *Facts and Speculations on the Origin and History of Playing cards,* mit Darstellungen über ihre Geschichte, Herstellung, Symbolik und ihren Gebrauch. In einem interessanten Abschnitt über Tarotkarten kommt er zu dem Schluß, daß diese wahrscheinlich die ursprünglichen europäischen Spielkarten waren, jedoch zu wenig Nachweisbares zur Feststellung ihres Ursprungs bekannt sei.

1854 stellte der Franzose P. Boiteau d'Ambly in seinem Buch über Spielkarten[18] die Theorie auf, wonach sie von den Zigeunern stammen, die seiner Meinung nach aus Indien gekommen waren. Er bringt allerdings zu wenig Fakten, um seine Theorie zu untermauern.

Die nüchternen Überlegungen der ernstzunehmenden Forscher konnten sich jedoch nicht durchsetzen gegen die romantischen Phantasien der »ägyptischen Schule«, die von Etteilla so enthusiastisch verbreitet worden war.

Der nächste Autor, der die Tarotkarten erläuterte, erlangte im Gegensatz zu seinen Vorgängern eine weitaus größere Berühmtheit, und man kann von ihm sagen, daß er der erste war, der den okkulten Zugang zu dem Thema erschlossen hat. Er hieß Alphonse Louis Constant, der sich selbst Eliphas Lévi Zahed nannte – sein Name auf Hebräisch – und unter dem Pseudonym Eliphas Lévi schrieb. Obwohl 1810 als Kind armer Eltern geboren, ermöglichte ihm seine hohe Intelligenz die Teilnahme an einer kostenlosen Ausbildung an einem katholischen Seminar. 1835 ordinierte er zum Diakon, aber er verfolgte seine geistliche Karriere nicht weiter. 1844 heiratete er ein sechzehnjähriges Mädchen und begann offensichtlich zu dieser Zeit, sich ernsthaft für den Okkultismus zu interessieren, indem er die Arbeiten von Postel, Raimundus Lullus und Cornelius Agrippa von Nettesheim studierte.

Nach einigen Jahren verließ ihn seine Frau, und in den frühen 1850er Jahren erlangte er großes Ansehen als Experte im Okkultismus. In der Hoffnung, durch Lehrtätigkeit Geld zu verdienen, ging er 1854 nach London, aber wegen seiner Unkenntnis der englischen Sprache wurde nichts daraus. 1855 veröffentlichte er in Paris seine erste okkulte Arbeit *Dogme de la Haute Magie*, 1856 gefolgt von *Rituel de la Haute Magie*.

Beide Bücher enthielten zweiundzwanzig Kapitel, jedes Kapitel eine Darstellung von Aspekten der Magie, die nach Lévis Ansicht mit je einer Karte der großen Tarot-Arkanen symbolisch verbunden waren.

Er schrieb weitere Bücher, darunter sein ehrgeiziges Werk *Histoire de Magie*, und verdiente seinen Lebensunterhalt während der nächsten zwanzig Jahre, indem er eifrigen Studenten Unterricht in Okkultismus gab. Obwohl Lévi kein Buch ausschließlich über Tarotkarten schrieb, hatten seine Interpretationen einen bedeutenden Einfluß auf alle Okkultisten, die seinen Spuren folgten.

Im wesentlichen stellte er fest, daß die Tarotkarten sehr eng mit dem esoterischen System der Kabbala zusammenhängen; die zweiundzwanzig großen Arkana sind mit den zweiundzwanzig Buchstaben des hebräischen Alphabets ebenso verknüpft wie die vier Serien der kleinen Arkana mit den vier Elementen und den vier Buchstaben des göttlichen Namens (Yod, Heh, Vau, Heh oder Yahweh/Jahwe).

Deshalb nahm der Tarot in Lévis System eine Stellung von zentraler Bedeutung ein. In *Rituel de la Haute Magie* stellt er fest:

»Der universelle Schlüssel der magischen Werke ist der Schlüssel aller alten religiösen Dogmen, der Kabbala und der Bibel und der clavicula salomonis. Diese clavicula oder den kleinen Schlüssel, den man seit Jahrhunderten verloren glaubte, haben wir wiedergefunden, konnten alle Gräber der alten Welt öffnen, die Toten sprechen lassen, in all ihrem Glanz die großen Denkmale der Vergangenheit wiedersehen, die Rätsel aller Sphinxen verstehen und in alle Heiligtümer eintreten. Der Gebrauch dieses Schlüssels war bei den Alten nur einigen großen Priestern erlaubt, und man vertraute das Geheimnis selbst nicht dem Kern der Eingeweihten an.«[19]

Nachdem Lévi mit den Forschungen von J.A. Vaillant, einem der ersten Zigeunerkundigen, in Berührung gekommen war, gelangte er zu der Überzeugung, daß der Tarot durch die Zigeuner in Europa eingeführt worden war.

Lévi schaffte es nicht, einen vollständigen Satz Tarotkarten nach seinen eigenen Ideen zu entwerfen, aber später stellte Oswald Wirth einen Satz her, der sich sehr eng an Lévis Vorstellungen orientierte. Wirth war ein Schüler des bekannten französischen Okkultisten Stanislas de Guaïta (1860–1897), dessen zweibändiges Werk *Le Serpent de la Genêse* auf der Tarotsymbolik basierte.

Lévis Ideen wurden auch von Dr. Gerard Encausse (1865–1916) aufgegriffen, der unter dem Pseudonym Papus 1889 *Le Tarot des Bohémiens* veröffentlichte. Diese Arbeit verband Wirths Karten und Lévis Zuordnungen im Sinne der kabbalistischen Numerologie.

Encausse war von spanischer Herkunft, kam aber als Kind nach Frankreich und graduierte auf einer medizinischen Hochschule in Paris. Als Schriftsteller von okkulten Themen wurde er sehr bekannt. Er gründete die einflußreiche Schule *L'Ordre des Silencieux Inconnus* und übernahm die Leitung des *Kabbalistischen Ordens der Rosenkreuzer*, der 1888 von Stanislas de Guaïta gegründet worden war.

Wie Lévi hatte auch Encausse eine sehr hohe Meinung über den Tarot. So schrieb er:

»Ja, das Kartenspiel mit dem Namen Tarot, das die Zigeuner besitzen, ist die Bibel der Bibeln. Sie ist das Buch des Thot Hermes Trismegistos, sie ist das Buch Adams, sie ist das Buch der Offenbarung über den Ursprung der ältesten Zivilisationen.«[20]

Er folgte Lévis Zuordnungen der großen Tarotarkana zum hebräischen Alphabet, wie unten beschrieben. Alle Karten erscheinen in ihrer natürlichen Abfolge mit Ausnahme des Narren, der unnumerierten Karte zwischen der Karte XX (Das Gericht) und der Karte XXII (Die Welt).

Lévi wählte diese Position, da er den Narren dem hebräischen Buchstaben Shin zugeordnet hatte, der das Feuer des Geistes symbolisiert und der einundzwanzigste Buchstabe im hebräischen Alphabet ist.

Man kann zu Recht behaupten, daß die Werke von Lévi und Papus die Grundlage für die Hauptrichtung der nachfolgenden esoterischen Entwicklung auf dem europäischen Kontinent bildeten. In England und Amerika kam aber ein anderer Einfluß zum Tragen.

Es war der Hermetische Orden der Goldenen Dämmerung (Hermetic Order of the Golden Dawn), 1887 in London gegründet von drei Mitgliedern einer englischen Freimaurerschaft, der *Societas Rosicruciana in Anglia*, die nur Meistergraden offenstand.

Die Geschichte des Ordens der Goldenen Dämmerung ist von Isreal Regardie ausführlich beschrieben worden. Hier sei nur gesagt, daß seine Gründer – Rev. A.F.A. Woodford, Dr. Woodman und Dr. Wynn Westcott, ein Londoner Untersuchungsrichter – die Unterstützung des schottischen Freimaurers Samuel Liddell Mathers gewannen, um ihre Ordensvorschriften aufzustellen und die esoterischen Initiationsrituale zu entwerfen.

I	Der Magier	א (Aleph)
II	Die Hohepriesterin	ב (Beth)
III	Die Herrscherin	ג (Gimel)
IV	Der Herrscher	ד (Daleth)
V	Der Hierophant	ה (Heh)
VI	Die Liebenden	ו (Vau)
VII	Der Wagen	ז (Zian)
VIII	Die Gerechtigkeit	ח (Cheth)
IX	Der Eremit	ט (Teth)
X	Das Rad des Schicksals	י (Yod)
XI	Die Kraft	כ (Kaph)
XII	Der Gehängte	ל (Lamed)
XIII	Der Tod	מ (Mem)
XIV	Die Mäßigkeit	נ (Nun)
XV	Der Teufel	ס (Samekh)
XVI	Der Turm	ע (Ayin)
XVII	Der Stern	פ (Peh)
XVIII	Der Mond	צ (Tzaddi)
XIX	Die Sonne	ק (Qoph)
XX	Das Gericht	ר (Resh)
	Der Narr	ש (Shin)
XXII	Die Welt	ת (Tau)

Eliphas Lévis Zuordnung der Karten der großen Arkana zum hebräischen Alphabet:

Mathers, der sich selbst MacGregor Mathers nannte (und später, als er in Paris lebte, Le Comte de Glenstrae), war die treibende Kraft hinter dem Orden der Goldenen Dämmerung, und die Methode des Ordens, wonach die Tarotkarten dem kabbalistischen Baum des Lebens zugeordnet werden, entstand wahrscheinlich durch ihn.

Dieses System unterschied sich fast völlig von Papus und Lévis, schon allein deswegen, weil die unnumerierte Karte des Narren an den Anfang der Folge gesetzt wurde und so mit dem Buchstaben Aleph korrespondierte. Dadurch rückt jede Karte eine Stufe nach unten, mit Ausnahme der letzten Karte Die Welt, die weiterhin mit dem Buchstaben Tau korrespondiert.

Der Orden verband die zweiundzwanzig Karten auch mit den Elementen, den Zeichen des Tierkreises und den Planeten. Dabei folgte Mathers Eliphas Lévi, der geschrieben hatte: »Die absolute hieroglyphische Wissenschaft hat als Grundlage ein Alphabet, in dem alle Götter Buchstaben sind und alle Buchstaben Ideen, alle Ideen Zahlen und alle Zahlen perfekte Zeichen.«[21]

Das ehrgeizige Ziel der Führer des Ordens war, das Wissen und die Praktiken aller okkulten Traditionen in ein allumfassendes esoterisches System zu vereinen.

Die Ordenslehre lehnte sich an die Philosophie der Kabbala an, das jüdische mystische System, das zuerst im 12. Jahrh. in Spanien bekannt wurde. Dieses System unterscheidet zwischen einer nicht erkennbaren Gottheit und dem Gott der religiösen Erfahrung, der eine Emanation der göttlichen Quelle ist.

Die Kabbalisten teilen diese göttliche Manifestation in zehn Stufen oder Aspekte, die sogenannten Sefirot. Diese sind durch zweiundzwanzig Bahnen oder Pfade untereinander verbunden. Das Diagramm soll die Anatomie der Gottheit symbolisieren, deren Gewand das Universum ist. Es ist bekannt als der Baum des Lebens.

Die zehn Sefirot gliedern sich in drei vertikale Linien oder Säulen; die linke Säule ist weiblich, die rechte männlich, während die mittlere Säule die beiden anderen versöhnt und ausgleicht.

AIN SOPH AOUR

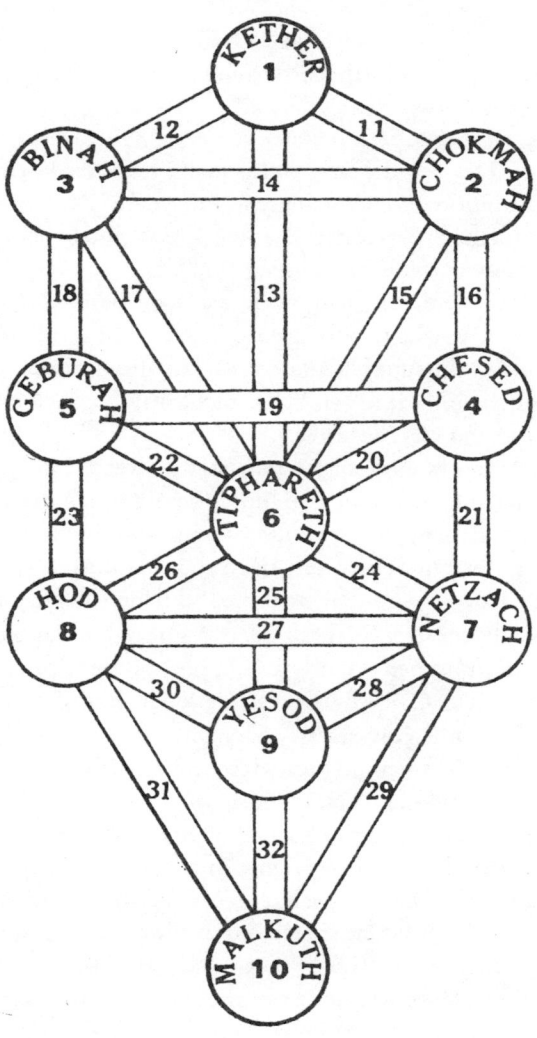

Bei der Betrachtung des Lebensbaumes findet man oben an der Spitze die Worte *Ain Soph Aour*, die »unendliches Licht« bedeuten und sich auf die Anfangsgründe der Schöpfung, die Gottheit, beziehen, die zugleich Quelle des Lebens und dessen Ziel ist.

Direkt darunter befindet sich die erste Sefira, *Kether*, die Krone. Das ist die am wenigsten greifbare Form der Manifestation, gleichbedeutend mit dem Zentrum des menschlichen Bewußtseins, dem Geist, im Schema des Ordens der Goldenen Dämmerung.

Darunter befinden sich zwei parallele Sefirot, *Chochmah*, die Weisheit, und *Binah*, der Verstand. Diese beiden bilden die fundamentale Polarität aller Existenz – das Männliche und das Weibliche, Licht und Dunkelheit, das Positive und das Negative.

Diese drei ersten Sefirot sind als die drei Himmlischen bekannt, die weit über und hinter dem Bereich der sieben Sphären liegen, welche unter ihnen am Baum hängen. Die drei ersten Sefirot erzeugen die Manifestationen der Göttlichkeit, begreifbar dem menschlichen Verstand.

Die nächsten drei Sefirot bilden – spiegelbildlich zu den drei Himmlischen – ein Dreieck, das mit der Spitze nach unten zeigt. *Chesed*, die Gnade oder Barmherzigkeit, und *Geburah*, die Kraft oder Strenge, umfassen die Kräfte der Ausdehnung und des Aufbaus von Formen sowie die Kräfte der Zerstörung.

Tifereth, die Schönheit oder Harmonie, bringt diese opponierenden Sphären wieder in Einklang und symbolisiert die Höhe des normalen menschlichen Bewußtseins.

Unter Tifereth befindet sich ein zweites Dreieck mit den parallelen Sefirot *Nezah* (Sieg) und *Hod* (Glanz). Diese repräsentieren unter anderem die menschlichen Emotionen bzw. den menschlichen Intellekt.

Unter ihnen ist die neunte Sefira *Jesod*, das Fundament. Sie ist das Netz der interatomaren Energie, die das physische Universum trägt, und symbolisiert auch das menschliche Unterbewußtsein.

Schließlich am Fuß des Baumes, der im Himmel wurzelt und zur Erde hierniederwächst, befindet sich *Malkuth*, das Königreich, die sichtbare Welt und der physische Körper des Menschen.

Die zehn Sefirot sind durch die zweiundzwanzig Pfade verbunden, die, um eine Verwirrung mit der Numerierung der Sphären zu verhindern, von 11 bis 32 von oben nach unten gezählt werden.

Modernen westlichen Kabbalisten zufolge zeigt der Baum des Lebens auf, wie die physische Welt des Menschen mit dem Urgrund allen Seins durch die Stufen der göttlichen Emanation verbunden ist. Genau wie der Baum des Lebens die Vielfalt der manifestierten Existenz symbolisiert, die sich aus dem Ur-Einen der Gottheit ableitet, so enthüllt er umgekehrt, wie der Mensch auf den Pfaden des Baumes aufsteigen und am Ende das Einswerden mit Gott erfahren kann.

Die gesamte magische Lehre des Ordens der Goldenen Dämmerung zielte auf ein derartiges »Aufsteigen zu den Ebenen« ab, und die Bilder der Tarotkarten wurden als unentbehrliches Rüstzeug des Eingeweihten betrachtet.

Die zweiundzwanzig Buchstaben des hebräischen Alphabets wurden traditionell schon immer mit den zweiundzwanzig Pfaden verbunden, die die zehn Sefirot des Baumes des Lebens verknüpfen. Diese Vorstellung entwickelten die Führer des Ordens noch einen Schritt weiter, indem sie die zweiundzwanzig großen Tarotarkana den Pfaden zuordneten. Sie glaubten, daß es durch Meditieren über die Tarotsymbole möglich sei, das

Bewußtsein über die aufsteigenden Ebenen des Baumes zu erheben, die Kräfte jeder Sphäre zu erfahren und aufzunehmen, um dadurch einen ständig wachsenden Grad an geistiger Reife zu erreichen.

Um den aufstrebenden Eingeweihten auf seiner inneren Reise zu unterstützen, wurde ein kompliziertes System von Verbindungen aufgebaut, die als Wegweiser gedacht waren, um ihn auf dem rechten Pfad zu halten. Zum Beispiel der 26. Pfad, der die Sefirot *Hod* mit der Sefira *Tifereth* verbindet, ist der Tarotkarte Der Teufel (XV) zugeordnet und außerdem anderen Symbolen wie dem Tierkreiszeichen des Steinbocks, dem Geruch von Moschus und Zibet, den Göttern Pan, Bacchus und Seth, dem Bock und dem Esel und der Distel.

Begegneten dem Suchenden, der sich eigentlich auf dem 26. Pfad befand, Bilder, die dem Element Wasser zugehörig waren – die Götter Poseidon oder Neptun –, die Tarotkarte Der Gehängte oder etwa der Duft von Myrrhe, dann wußte er, daß er vom Pfad abgekommen war, gehörten doch all diese Attribute zum 23. Pfad, der *Hod* mit der Sefira *Geburah* verbindet.

Die Methode, den Tarot mit einem ausgedehnten System anderer Bilder zu verbinden, war der Grund für eine bedeutende Neuerung in bezug auf die numerische Reihenfolge der Karten. Zwölf Karten wurden mit den Tierkreiszeichen verknüpft, die ihnen symbolisch zu entsprechen schienen. So wurde die Karte Die Gerechtigkeit (VIII) mit dem Zeichen der Waage verbunden, da die Karte eine Frau zeigt, die eine Waage hält; die Karte Die Kraft (XI) mit dem Zeichen des Löwen verknüpft, weil sie eine Frau zeigt, die einen Löwen bezwingt.

Aber astrologisch steht der Löwe im Tierkreis vor der Waage, deshalb vermutete man, daß die beiden Tarotkar-

Tarotarkanum		Hebr. Buchst.	Pfad	Astrologische Zuordnung
0	Der Narr	(Aleph)	11	Luft
I	Der Magier	(Beth)	12	Merkur
II	Die Hohepriesterin	(Gimel)	13	Mond
III	Die Herrscherin	(Daleth)	14	Venus
IV	Der Herrscher	(Heh)	15	Widder
V	Der Hierophant	(Vau)	16	Stier
VI	Die Liebenden	(Zain)	17	Zwillinge
VII	Der Wagen	(Cheth)	18	Krebs
VIII	Die Kraft	(Teth)	19	Löwe
IX	Der Eremit	(Yod)	20	Jungfrau
X	Das Rad des Schicksals	(Kaph)	21	Jupiter
XI	Die Gerechtigkeit	(Lamed)	22	Waage
XII	Der Gehängte	(Mem)	23	Wasser
XIII	Der Tod	(Nun)	24	Skorpion
XIV	Die Mäßigkeit	(Samekh)	25	Schütze
XV	Der Teufel	(Ayin)	26	Steinbock
XVI	Der Turm	(Peh)	27	Mars
XVII	Der Stern	(Tzaddi)	28	Wassermann
XVIII	Der Mond	(Qoph)	29	Fische
XIX	Die Sonne	(Resh)	30	Sonne
XX	Das Gericht	(Shin)	31	Feuer
XXI	Die Welt	(Tau)	32	Saturn

Magische Korrespondenzen der Tarotarkana zu den Pfaden des Baums des Lebens bezogen auf die Ordnung des Ordens der Goldenen Dämmerung.

ten Die Gerechtigkeit und Die Kraft im Laufe ihrer langen Geschichte irgendwie ausgetauscht worden waren. Die Führer des Ordens setzten die Karten wieder an den ihrer Meinung nach entsprechenden Platz. Die Kraft wurde die Karte VIII und Die Gerechtigkeit die Karte XI. Dieser Wechsel in der Numerierung wurde bei den meisten der anschließend hergestellten esoterischen Tarotkarten beibehalten.[22]

Die Führer des Ordens schufen selbst Tarotkarten zum Gebrauch für ihre Anhänger, und jedem großen Arkanum wurde ein Titel gegeben, der seine Bedeutung für den Baum des Lebens zum Ausdruck brachte. Diese Karten wurden nie veröffentlicht, aber man gewinnt einen guten Eindruck vom kabbalistischen Tarot durch die »berichtigten« Karten, die der Okkultist A.E. Waite 1910 veröffentlichte. Diese Karten, nach dem Namen ihres ursprünglichen Verlegers meist als Rider-Deck bekannt, sind heutzutage noch erhältlich.

Sie enthalten umfangreiche Änderungen gegenüber einigen ursprünglichen Tarotdarstellungen, um sie dem kabbalistischen Schema anzunähern. Insbesondere wurde die bildliche Darstellung auf sämtliche Karten ausgedehnt. Die vierzig Zahlenkarten der kleinen Arkana, welche traditionell einfache formale Anordnungen entsprechend dem Serienzeichen jeder Karte zeigen, tragen bei Waite kunstvoll ausgearbeitete Szenen.

Waite selbst hat in dem Begleitbuch zu den Karten: *The Pictorial Key to the Tarot* behauptet, daß die Darstellungen nur die divinatorische Bedeutung jeder Karte veranschaulichen und keine tiefere Bedeutung in sie gelegt werden sollte.

Waite war aber zu dieser Zeit Mitglied im Orden der Goldenen Dämmerung und hat offensichtlich in vielen

Darstellungen mit der esoterischen Symbolik gearbeitet: Die Führer des Ordens hatten alle 78 Tarotkarten in ihr kabbalistisches Schema integriert. Genau wie die Zuordnung der großen Arkana zum Baum des Lebens hatten sie auch die vierzig Zahlenkarten und die sechzehn Hofkarten auf den Baum abgestimmt. Das wird in den folgenden Kapiteln erläutert.

In diesem Jahrhundert sind viele andere Tarotspiele veröffentlicht worden, welche die jeweilige Glaubensrichtung einer okkulten Gruppe widerspiegeln; und viele Bücher sind geschrieben worden, um die Geheimnisse des esoterischen Tarot zu erhellen. Wie Waite schrieben auch andere Mitglieder des Ordens der Goldenen Dämmerung solche Bücher, im besonderen Paul Foster Case und Aleister Crowley (1875–1947).

1929 gab der amerikanische Autor Manly Palmer Hall Tarotkarten heraus, die von J.A. Knapp gezeichnet waren und auf den Ideen von Oswald Wirth basierten. 1930 veröffentlichte Knapp seine eigenen Karten mit einer Erläuterung von Manly Palmer Hall. Die amerikanische Gruppe *Brotherhood of Light* veröffentlichte einen ägyptischen Tarot mit stark vereinfachten Darstellungen aus der altägyptischen Kunst, während in England das *Insight Institute* Karten herausgab, die sich an traditionelle Abbildungen des 15. Jahrhunderts anlehnten.

Zu den originellsten und ungewöhnlichsten Arbeiten gehört Aleister Crowleys Buch *The Book of Thoth*. Crowley trat 1898 dem Orden der Goldenen Dämmerung bei, überwarf sich jedoch später mit Mathers und gründete daraufhin 1905 seinen eigenen Orden, den *Argenteum Astrum* (Silberner Stern). Er betrachtete sich selbst als die Stimme des neuen Äon – das Zeitalter des

Horus, das im Begriff stand, das Zeitalter des Christentums abzulösen.

The Book of Thoth wurde 1944 in London privat gedruckt und kürzlich in Amerika wieder neu aufgelegt. Es basiert auf den Zuordnungen des Ordens der Goldenen Dämmerung, wurde aber nach Crowleys persönlicher Philosophie modifiziert. Das Buch ist mit Karten von Lady Freida Harris illustriert, die sie unter seiner Anleitung gestaltete. In künstlerischer Hinsicht sind dies wahrscheinlich die am höchsten vollendeten esoterischen Karten, aber da Crowleys extreme Ideen von anderen Okkulisten häufig abgelehnt oder ignoriert wurden, sind sie nicht einflußreich geworden.

Nur eine seiner Neuerungen wird allgemein anerkannt; sie betrifft die Zuordnung des Tarot zum hebräischen Alphabet und zum Baum des Lebens. Crowley kam zu der Schlußfolgerung, daß zur perfekten Abstimmung des Tarot auf das Schema des Baumes zwei Karten ausgetauscht werden mußten. Der Herrscher sollte dem hebräischen Buchstaben *Tzaddi* und dem 28. Pfad, Der Stern dem Buchstaben *Heh* und dem 15. Pfad zugeordnet werden. Die Gründe dafür mögen Uneingeweihten nicht einleuchtend erscheinen, aber sie sind mittlerweile von den meisten späteren Kommentatoren als gültig anerkannt worden.

Der interessanteste Aspekt liegt wohl darin, daß sich für die jahrhundertealten Tarotkarten, die wahrscheinlich als Teil eines häretisch gnostischen Glaubenssystems im 12. und 13. Jahrhundert erdacht wurden, der Kreis schließt, indem sie von heutigen Okkulisten übernommen worden sind, die Methoden zur Erlangung von Erkenntnis anwenden, die überwiegend aus der klassischen Gnostik und dem Neo-Platonismus stammen.

6. Die kleinen Arkana

Wie bereits im vorigen Kapitel beschrieben, veröffentlichte A. E. Waite im Jahr 1910 Tarotkarten, die hauptsächlich auf den Lehren des Ordens der Goldenen Dämmerung beruhten. Außer den zweiundzwanzig großen Arkana hatte der Orden auch die kleinen Arkana des Tarot dem kabbalistischen Baum des Lebens zugeordnet. Die Karten der kleinen Arkana von Waite zeigen bestimmte Aspekte dieser Lehren. Darüber hinaus benutzte er bei der Auswahl der individuellen und divinatorischen Bedeutungen die Titel, die der Orden den Karten zugeordnet hatte.

Die meisten späteren Kommentatoren haben ihre Erläuterungen zur Tarot-Divination aus der gleichen Quelle abgeleitet, so daß – obwohl bekannt ist, daß die Karten schon seit 1550 für diesen Zweck benutzt worden sind – die heute jeder Karte zugeschriebenen Bedeutungen sich weitgehend auf ein System zurückführen lassen, das gegen Ende des 19. Jahrh.s entwickelt wurde.

Die vorliegende Arbeit enthält einen Abschnitt über die Divination mit Tarotkarten, so daß in diesem Zusammenhang der folgende kurze Abriß über die Entstehung der Titel des Ordens der Goldenen Dämmerung nützlich sein kann.

Zuerst wurden die 56 Karten in zwei Gruppen unterteilt: die 16 Hofkarten und die 40 Zahlenkarten. Zunächst folgt die Betrachtung der Hofkarten:

Die Hofkarten

Der Orden ordnete die Hofkarten den vier Buchstaben des göttlichen Namens יהוה (Yod-Heh-Vau-Heh) zu. Bei diesem Vorgang wurden die 16 Karten beträchtlich gegenüber ihrer traditionellen Form verändert. Ihre Definition sollte die verschiedenen Manifestationsstufen der Kraft im Universum darstellen. Der erste Buchstabe Yod symbolisierte die Ur-Energie und wurde deshalb den vier Karten zugeordnet, auf denen »bewegte« Figuren wie die Ritter dargestellt sind.

Der zweite Buchstabe Heh zeigte, wie diese Kräfte auftreten und Gestalt annehmen; er repräsentierte innerhalb der Hofkarten die vier Mutterfiguren, die Königinnen.

Der dritte Buchstabe Vau zeigte die Stabilisierung des Prozesses der Gestaltnahme und repräsentierte die vier »stabilen« Karten, die Könige auf dem Thron.

Der vierte und letzte Buchstabe Heh zeigte den vollendeten Umwandlungsprozeß von der Energie zur Gestalt, und wurde durch die vier Kinder des Tarot, die Pagen oder Buben, symbolisiert.

Da die Könige nun tiefer standen als die Ritter und Königinnen, wurden sie in Prinzen umbenannt, und in den Karten, die zum eigenen Gebrauch der Ordensmitglieder geschaffen wurden, waren sie auf Streitwagen fahrend dargestellt.

Zur Verdeutlichung der weiblichen und männlichen Polarität wurden als weitere Neuerung die Pagen in weibliche Figuren umgestaltet und Prinzessinnen genannt.

Kabbalistisch gesehen mag die Änderung der Reihenfolge von König, Königin, Ritter und Page zu Ritter, Königin, Prinz und Prinzessin sinnvoll sein, sie kennzeichnet jedoch eine tiefgreifende Abkehr von den traditionellen Tarotgestaltungen.

Es gibt keinen historischen Hinweis dafür, daß derartige Veränderungen dazu dienen, den Original-Tarot zu rekonstruieren, der bereits vor jeder Veröffentlichung verfälscht worden war. Obwohl derartige Experimente mit den Karten nicht schaden können, so lassen sie sich doch nicht historisch begründen.

Davon abgesehen bietet das synkretische System des Ordens der Goldenen Dämmerung ein faszinierendes Studium. Die Titel der sechzehn Hofkarten dieses Systems sind im folgenden aufgelistet, da sie Licht auf die divinatorischen Bedeutungen werfen und in vieler Hinsicht anregend sind.

Die Serie der Stäbe
Ritter: Herr der Flamme und des Blitzes, König des Geistes des Feuers
Königin: Königin der Throne der Flammen
König: Prinz des Wagens des Feuers
Page: Prinzessin der glänzenden Flamme, Rose des Palastes des Feuers

Die Serie der Kelche
Ritter: Herr der Wellen und des Wassers, König der Heerscharen der See
Königin: Königin der Throne des Wassers
König: Prinz des Wagens des Wassers
Page: Prinzessin des Wassers und des Lotus

Die Serie der Schwerter

Ritter: Herr des Windes und der Brisen, König des Geistes der Luft

Königin: Königin der Throne der Luft

König: Prinz des Wagens der Luft

Page: Prinzessin des stürmischen Windes, Lotus des Palastes der Luft

Die Serie der Münzen

Ritter: Herr des weiten und fruchtbaren Landes, König des Geistes der Erde

Königin: Königin der Throne der Erde

König: Prinz des Wagens der Erde

Page: Prinzessin der widerhallenden Berge, Rose des Palastes der Erde

Die Zahlenkarten

Die vierzig Zahlenkarten sind gleichmäßig auf die vier Serien verteilt, so daß jede Serie zehn Karten enthält, numeriert von As bis 10. Diese wurden vom Orden der Goldenen Dämmerung den zehn Sefirot des Baumes des Lebens zugeordnet.

Zum Beispiel wurde das As jeder Serie mit Sefirot 1 – *Kether* (die Krone) verbunden; die Zwei jeder Serie mit Sefirot 2 – *Chochmah* (die Weisheit); die Drei mit Sefirot 3 – *Binah* (die Intelligenz) und so weiter bis zur Zehn, die mit Sefirot 10 – *Malkuth* (das Reich) verbunden wurde. Wie im Fall der Hofkarten wurden auch die Zahlenkarten den Buchstaben des göttlichen Namens zugeordnet, aber diesmal bezogen auf die Serie: die Stäbe dem Buchstaben *Yod*, der flammenden Fackel der Ur-Energie; die Kelche dem ersten Buchstaben *Heh*, der Empfängnis der Energie im Gefäß der Gestalt; die Schwerter dem Buchstaben *Vau*, der Entwicklung der Gestalt; die Münzen dem zweiten Buchstaben Heh, der vollständigen materiellen Ausformung dieser Gestalt.

Ein Titel für die symbolische Bedeutung jeder Karte wurde ermittelt, indem man ihre Position im Baum des Lebens mit der Bedeutung der entsprechenden Serie unter deren göttlichem Namen verband. Diese Methode mag nur dem begreiflich erscheinen, der genügend vertraut ist mit der Kabbala; die vierzig Titel sind aber unten erwähnt, weil sie die Grundlage für die divinatorischen

Die Serie der Stäbe
1 Feuer
2 Herrschaft
3 Gefestigte Stärke
4 Vollendete Arbeit
5 Mühe
6 Sieg
7 Tapferkeit
8 Schnelligkeit
9 Große Stärke
10 Unterdrückung

Die Serie der Schwerter
1 Luft
2 Wiederhergestellter Friede
3 Sorge
4 Ruhe von der Mühe
5 Niederlage
6 Verdienter Erfolg
7 Unstetige Anstrengung
8 Begrenzte Kraft
9 Verzweiflung und Grausamkeit
10 Ruin

Die Serie der Kelche
1 Wasser
2 Liebe
3 Überfluß
4 Gemischtes Vergnügen
5 Verlust im Vergnügen
6 Vergnügen
7 Illusionärer Erfolg
8 Preisgegebener Erfolg
9 Materielles Glück
10 Fortwährender Erfolg

Die Serie der Münzen
1 Erde
2 Harmonischer Wechsel
3 Materielle Werke
4 Irdische Macht
5 Materielle Sorgen
6 Materieller Erfolg
7 Erfolgsillusionen
8 Klugheit
9 Materieller Gewinn
10 Wohlstand

Bedeutungen bilden, die im nächsten Kapitel erscheinen. Sie sind als Schlüsselworte beim Auswendiglernen der vollen Bedeutung sehr brauchbar.

Die vier Asse, die in der höchsten Sphäre des Baumes eingesetzt sind, wurden den vier Elementen zugeordnet: Feuer (Stäbe), Wasser (Kelche), Luft (Schwerter) und Erde (Münzen). Diese Elemente symbolisieren in der traditionellen alchemistischen und hermetischen Lehre das erste Stadium in der Entwicklung der Urmaterie, die Masse, aus der das Universum ursprünglich geschaffen wurde. Deshalb kennzeichnen die Asse »die Wurzeln der Kraft der Elemente«.

7. Divinatorische Bedeutungen der kleinen Arkana

Dieses Kapitel enthält die Bedeutungen der 56 Karten der kleinen Arkana, aufrecht und umgekehrt liegend. Diese Bedeutungen beruhen auf dem System des Ordens der Goldenen Dämmerung.

Dieses relativ junge System ist sowohl ausgewogen als auch reich an Inhalten und soll sich durch seine detaillierten und zutreffenden Ergebnisse bewährt haben.

Ob man nun die Gültigkeit dieses Systems akzeptiert oder nicht – die den verschiedenen Karten zugewiesenen Bedeutungen bilden schon an sich ein faszinierendes Studium. Die Bedeutungen der einzelnen Karte oder in Kombination mit anderen können so benutzt werden, daß sie praktisch jede denkbare Situation abdecken.

Zuerst werden die Bedeutungen der sechzehn Hofkarten behandelt, die nicht Situationen oder Vorgänge sondern Personen darstellen. Wenn eine dieser Karten erscheint, deutet das auf eine wichtige Person, die Einfluß auf zukünftige Handlungen nehmen wird.

Jede Karte zeigt ihren positiven Aspekt, wenn sie aufrecht liegt, und ihren negativen, wenn sie umgekehrt erscheint. Sei kann deshalb auf eine mögliche Unterstützung, Schutz oder Sympathie durch eine Person hinweisen oder vor Betrug, Mißverständnis oder Zurückweisung warnen.

Die Beschreibung jeder Karte enthält Einzelheiten ihres traditionellen Symbolcharakters im 19. Jahrhundert.

Die Hofkarten: Stäbe

KÖNIG der STÄBE

KÖNIG DER STÄBE
Traditionelle Erscheinung
Ein glattrasierter Mann mit schulterlangem Haar. Er trägt einen breitkrempigen Hut in der Form der Achterschleife, wie ihn Der Magier und Die Kraft in alten Spielen tragen. Der Hut wird von einer goldenen Krone überragt. Er hält einen langen Amtsstab in der rechten Hand. Im allgemeinen trägt er eine Rüstung und sitzt auf einem hölzernen Thron.

Divinatorische Bedeutung
Aufrecht: Ein edler und mutiger Mann von großer Stärke und Tapferkeit. Er wirkt mannhaft, leidenschaftlich und besitzt ein loyales, großzügiges Wesen. Er liebt die Tradition und das Leben in der Familie. Herausgefordert, neigt er zu schnellem Handeln. Dennoch fällt es ihm manchmal schwer, entschieden vorzugehen, weil seine gerechte Einschätzung ihn jede Seite eines Problems erkennen läßt. Er handelt oft als Vermittler und gibt ausgezeichnete moralische Hilfestellung.
Umgekehrt: Er ist autokratisch, asketisch, ohne Mitgefühl für andere, tief mit Vorurteilen belastet und rücksichtslos bei der Verwirklichung seiner Ziele. Seine Ethik hat engstirnigen, intoleranten Charakter.

KÖNIGIN DER STÄBE

Traditionelle Erscheinung
Eine reife Frau, die einen
großen grünen oder gelben
Stab gegen ihre rechte
Schulter stützt. Sie trägt
eine Krone und einen wal-
lenden Umhang, und ihr
langes Haar fällt über ihren
Rücken und ihre Arme.
Gelegentlich ist sie mit
einem Kleid abgebildet,
dessen weiter Ausschnitt
ihre Brüste zeigt. Die Einzelheiten ihres Thrones
sind hinter ihr verborgen.

KÖNIGIN der STÄBE

Divinatorische Bedeutung
Aufrecht: Sie ist körperlich wie geistig fruchtbar. Sie ist
gütig und einfühlend, freundlich, großzügig und liebevoll. Sie ist häuslich, liebt das Landleben und die Natur.
Sie ist tüchtig in praktischen Dingen und fähig zu eigen-
ständigem Denken und Handeln. Sie setzt sich ein für die
Menschen, die zu ihrem Kreis gehören. Sie ist beliebt für
ihren Charme und ihre gesellige Ungezwungenheit.
Umgekehrt: Sie ist anmaßend und selbstherrlich, unfähig, ihren Lieben Unabhängigkeit im Denken oder im
Handeln zu gewähren. Sie ist eitel und selbstgerecht,
nimmt leicht Anstoß, wenn sie glaubt, im Unrecht zu
sein; dann greift sie andere grundlos an. Sie hat eine
scharfe Zunge und einen bösen Humor.

RITTER DER STÄBE
Traditionelle Erscheinung
Ein glücklich lächelnder junger Mann reitet auf einem Schimmel und hält eine rohbehauene Keule aufrecht mit ausgestrecktem Arm, so als wenn er sie jemandem zeigen wolle. Er trägt den bekannten großen Schlapphut, einen Brustpanzer und ist unbewaffnet.

Divinatorische Bedeutung
Aufrecht: Er ist wachsam, aktiv und schnell; unvernünftig aber äußerst intuitiv. Seine Bewegungen sind nicht vorhersagbar und verwirrend, aber rückblickend werden sie allgemein als klug anerkannt. Er hat ein einnehmendes Wesen.
Umgekehrt: Er symbolisiert die willentliche Zerstörung der Ordnung. Er neigt zu Auseinandersetzungen und Disput um ihrer selbst willen, zu vorsätzlichem Streit und gezielter Unruhestiftung.

PAGE DER STÄBE

Traditionelle Erscheinung
Ein junger Mensch steht im Freien und stützt mit beiden Händen eine massive, aufrecht stehende Keule. Er ist im Profil abgebildet und trägt eine kurze Tunika und darüber einen knielangen Mantel. Auf seinem Kopf sitzt eine weiche Kappe, manchmal mit einer Quaste an der Spitze, ähnlich, wie sie zur griechischen Nationaltracht getragen wird.

BUBE der STÄBE

Divinatorische Bedeutung
Aufrecht: Er ist ehrgeizig und findig, begeisterungs- und anpassungsfähig. Er ist der Überbringer guter Nachrichten, anregender Neuigkeiten und witziger Plauderei. Wesensmäßig ist er treu und vertrauenswürdig und setzt sich energisch für seine Vorgesetzten ein.
Umgekehrt: Er bringt irreführende Informationen und verleumderisches Geschwätz und verbreitet Skandale. Er kann kein Geheimnis bewahren und bricht schnell das Vertrauen. Er ist oberflächlich, obwohl er selbst glaubt, gründlich zu sein.

Die Hofkarten: Kelche

KÖNIG der KELCHE

KÖNIG DER KELCHE
Traditionelle Erscheinung
Er ist in elegante Gewänder gekleidet und trägt einen sorgfältig geschnittenen Bart. Auf seinem Kopf ein breitkrempiger Hut, auf dem eine reich verzierte Krone sitzt. In seiner rechten Hand hält er einen großen Kelch, während sein linker Arm lässig auf der Lehne des Throns ruht. Er wirkt entspannt und zuversichtlich.

Divinatorische Bedeutung
Aufrecht: Er ist gewandt in den Belangen der Welt, ein geborener Manipulator, begabt in Verhandlungen und im Streben nach Macht und Autorität. Er ist ein Mann der Ideen, ein Schutzherr der Künste und Wissenschaften, ein Experte der Gesetze und eine Führungskraft im Geschäftsleben. Er geschickt darin, das Glück in seine Bahnen zu lenken. Er arbeitet im Verborgenen und vermeidet es, andere ins Vertrauen zu ziehen. Er wird häufig von seiner Umgebung gefürchtet oder beargwöhnt. Er verlangt Respekt aber nicht Liebe.
Umgekehrt: Er ist heimtückisch, ehrlos, egoistisch und immer auf der Suche nach einer eigennützigen Lösung. Er fühlt sich nur sich selbst gegenüber verantwortlich und besitzt kein moralisches Empfinden.

KÖNIGIN DER KELCHE

KÖNIGIN der KELCHE

Traditionelle Erscheinung
Sie trägt ein langes, wallendes Gewand und sitzt auf einem Thron, der manchmal überdacht ist. In ihrer rechten Hand hält sie einen großen Kelch mit einem Deckel, den sie auf ihre Knie stützt. In ihrer linken hält sie einen Gegenstand, möglicherweise ein langes Messer oder einen Spatel. Sie hat langes Haar und große, ausdrucksvolle Augen. Gelegentlich trägt sie auch eine engsitzende Kappe unter der Krone.

Divinatorische Bedeutung
Aufrecht: Sie ist einfallsreich und künstlerisch begabt, liebevoll und romantisch und erzeugt eine Atmosphäre um sich, wie aus einer anderen Welt. Ihrer Einfühlung kann man vertrauen. Sie besitzt eine natürliche Schönheit, die keiner äußeren Hilfsmittel bedarf. Sie läßt sich leicht beeinflussen, fasziniert alle Männer. Sie erweckt ein Glücksgefühl, unabhängig vom weltlichen Erfolg.
Umgekehrt: Eine Träumerin, der nicht zu trauen ist, da sich ihre Meinung und Loyalität mit ihrer Stimmung ändert. Von Natur aus eigensinnig; sie kann andere durch ihre Hirngespinste ins Verderben führen.

RITTER DER KELCHE
Traditionelle Erscheinung
Sein langes Haar fällt über die Schultern, und er ist barhäuptig. Er trägt eine einfache Tunika und einen kurzen Umhang und reitet ein braunes Pferd. In seinen Händen hält er einen Kelch so, als wenn er ihn jemandem anbieten wolle. Gelegentlich wird er mit einem Blätterkranz um die Stirn abgebildet.

Divinatorische Bedeutung
Aufrecht: Er ist begeisterungsfähig, freundlich und zugänglich für neue Ideen. Er ist ein Überbringer von Ideen, Angeboten und Gelegenheiten. Er ist künstlerisch und gebildet, aber schnell gelangweilt und benötigt ständige Anregungen. Er hat hohe Ideale, läßt sich aber leicht leiten.
Umgekehrt: Falsche Versprechungen hinter einer ehrlichen Miene, Doppelzüngigkeit und Betrug. Er ist unfähig zu unterscheiden, wo die Wahrheit aufhört und die Lüge beginnt.

168

PAGE DER KELCHE
Traditionelle Erscheinung

BUBE der KELCHE

Er wandert langsam einen Weg entlang und blickt versonnen auf einen Kelch, den er mit der rechten Hand hält. Meist ist die Öffnung des Kelches hinter einer Falte seines Umhangs verborgen, so daß sein Inhalt versteckt bleibt. Er trägt eine kurze Tunika und ist barhäuptig. Gelegentlich hält er eine runde Kappe in der linken Hand. In anderen Varianten umringt ein Kranz aus kleinen Blumen seinen Kopf.

Divinatorische Bedeutung

Aufrecht: Er ist ein poetischer Jüngling, der sich besonders der stillen Reflexion und dem meditativen Studium hingibt. Er besitzt einen Vorrat an nützlichem Wissen und erteilt freimütig Ratschläge, wenn er darum gebeten wird. Er ist sorgfältig und mit großer Vorausschau begabt.

Umgekehrt: Er hat sehr viel oberflächliches Wissen, ist aber im Grunde genommen ein Hans-Dampf-in-allen-Gassen. Er ist selbstsüchtig und versucht, sein Wissen für sich zu behalten. Er geht in stillem Ränkeschmieden auf. Er schätzt die Schönheit, aber besitzt nicht genug Fleiß, um ein Künstler zu werden.

Die Hofkarten: Schwerter

KÖNIG DER SCHWERTER

Traditionelle Erscheinung
Er trägt eine Rüstung und hält ein Schwert aufrecht in seiner Hand. Seine linke Hand ruht auf der seitlich hängenden Scheide. Halbmonde schmücken seine Schultern, und er sitzt auf einem einfachen Sockel. Auf seinem Kopf hat er einen breitkrempigen Hut, auf dem eine Krone sitzt.

Divinatorische Bedeutung
Aufrecht: Er ist geistig rege, erfinderisch und originell und hat im wesentlichen vernünftige Ansichten. Er ist ein Verfechter von Recht und Ordnung und ein Verteidiger von Autorität. Er sucht ausführende Organe, die seine Ideen in die Praxis umsetzen. Aufgrund seiner Vielseitigkeit versagt er oft aus Mangel an Entschlußkraft. Mit übertriebener Hast macht er einen Plan nach dem anderen. Er ist eher ein Verfechter des Modernen als der Tradition.
Umgekehrt: Er ist berechnend, unpersönlich und grausam mit sadistischen Zügen. Bei der Verfolgung seiner intellektuellen Ziele sind ihm alle Mittel recht. Er kann Chaos unter dem Vorwand von Ordnung erzeugen.

170

KÖNIGIN DER SCHWERTER

Traditionelle Erscheinung
Wie der König trägt sie ein
Schwert aufrecht in ihrer
rechten Hand, aber sie ist
nicht in Rüstung gekleidet.
Sie trägt einfache, spartani-
sche Kleidung und sitzt auf
einem unverzierten Thron.
Sie blickt ernst und hat ihre linke Hand zur War-
nung erhoben. Ihre Krone
erscheint leicht und be-
scheiden.

KÖNIGIN der SCHWERTER

Divinatorische Bedeutung
Aufrecht: Sie ist hochintelligent, besitzt eine komplexe
Persönlichkeit und Liebe zum Detail. Sie ist wachsam
den Einstellungen und Meinungen ihrer Umgebung ge-
genüber und hat die Begabung, opponierende Gruppen
im Gleichgewicht zu halten, während sie ihre eigenen
Pläne vorantreibt. Sie ist selbstsicher, behende, vielseitig
und erfinderisch.
Umgekehrt: Sie ist unredlich, heimtückisch und geübt im
Gebrauch von Halbwahrheiten und stiller Verleumdung.
Ihre Spitzfindigkeit und ihr Scharfsinn machen sie zu
einem gefährlichen Feind.

RITTER DER SCHWERTER

Traditionelle Erscheinung
Er ist in volle Rüstung gekleidet und galoppiert vorwärts auf einem temperamentvollen Pferd. Er trägt einen federbuschgeschmückten Helm und oft auch einen Bart. Er schwingt ein gezogenes Schwert in seiner linken Hand und starrt grimmig nach vorn. Sein Pferd trägt eine reich verzierte Satteldecke.

RITTER der SCHWERTER

Divinatorische Bedeutung
Aufrecht: Er ist mutig, stark, hochbegabt und bewährt sich am besten in einer schwierigen Situation. Er zeigt das Herannahen einer Schlacht an, die durchgefochten werden muß, und Feinde, die mit Waffengewalt geschlagen werden müssen. Er ist der archetypische Krieger.
Umgekehrt: Er ist halsstarrig, sorglos, unbekümmert trotz Warnungen und ungeduldig mit Einzelheiten. Er ist hitzig im Gefecht, besitzt aber wenig Standfestigkeit. Er neigt dazu, Dinge anzufangen, ohne sie zu beenden.

172

PAGE DER SCHWERTER

Traditionelle Erscheinung
Er ist in eine langärmelige Tunika und einen wallenden Umhang gekleidet. Auf seinem Kopf sitzt ein breitkrempiger Hut. Er trägt ein hochgeschwungenes Schwert in einer Hand, die andere ruht auf der Scheide. Seine allgemeine Erscheinung ist elegant, er stammt aus guten Verhältnissen.

BUBE der SCHWERTER

Divinatorische Bedeutung
Aufrecht: Er ist wachsam und scharfsinnig. Er eignet sich gut als persönlicher Sendbote. Er ist diplomatisch, geschickt in Verhandlungen und besitzt die Fähigkeit, auch verwickelten Sachverhalten auf den Grund zu gehen. Er ist ein erfahrener Unterhändler seiner Vorgesetzten.
Umgekehrt: Er ist unredlich und neigt dazu, ohne triftigen Grund seine Nase in die Angelegenheiten anderer zu stecken. Er kann nachtragend sein, wenn er verärgert ist, und sucht die verborgenen Schwächen seiner Feinde, während er nach außen Bewunderung und Freundschaft für sie bekundet.

Die Hofkarten: Münzen

KÖNIG DER MÜNZEN
Traditionelle Erscheinung
Er sitzt auf einem flachen Thron im Freien, ist bärtig und trägt schwere Gewänder sowie den bekannten breitkrempigen Hut, auf dem eine Krone sitzt. Gelegentlich erscheint die Krone nur als Emblem auf dem Hut; oder es sieht aus, als ob sie auf dem Rand der Krempe gehalten würde. Mit lässig übereinandergeschlagenen Beinen, eine Münze auf dem Knie balancierend.

Divinatorische Bedeutung
Aufrecht: Er ist von erdverbundenem Wesen; vorsichtig, methodisch und handwerklich geschickt. Er ist loyal, vertrauenswürdig und geduldig. Seine angeborene Weisheit, sichert ihm trotz fehlender Imagination und intellektueller Umwege materiellen Wohlstand und sogar Reichtümer. Er ist manchmal schwer verständlich, aber trotzdem zu tiefen Gedanken fähig, wenn ihn etwas besonders interessiert. Seine Zuneigung läßt sich nur langsam gewinnen, aber in seiner Liebe bleibt er treu.
Umgekehrt: Er ist schwerfällig, materialistisch und unzugänglich für Schönheit. Unfähig, sich anzupassen, hält er lange an überholten Denk- und Handlungsweisen fest. Er ist engstirnig, schwach, unterwürfig, leicht käuflich.

KÖNIGIN DER MÜNZEN

Traditionelle Erscheinung
Sie trägt Kleid und Mantel und sitzt auf einem Thron mit niedriger Lehne. Sie hält mit ihrer rechten Hand eine große Münze hoch in die Luft, während sie mit ihrer linken ein Zepter wiegt. Auf dem meist im Profil dargestellten Kopf sitzt eine Krone, die eher an der Frisur befestigt als auf dem Kopf ruhend erscheint.

KÖNIGIN der MÜNZEN

Divinatorische Bedeutung
Aufrecht: Sie ist sensibel, erdverbunden, weise und gefühlvoll. Sie liebt Komfort, Glanz, Zurschaustellung, große Anlässe und eine gehobene Lebensart. Sie ist großzügig und nachsichtig. Mit ihrem Wohlstand unterstützt und fördert sie ihre Mitmenschen. Sie ist nicht übermäßig intelligent aber sehr einfühlsam. Sie bevorzugt die angenehmen Dinge des Lebens.
Umgekehrt: Sie ist habsüchtig, geizig, kann aber auch verschwenderisch sein. Sie benutzt ihren Wohlstand für Prunk und Luxus. Sie ist engstirnig und mißtrauisch gegenüber allem, was sie nicht versteht, benutzt ihre Macht, um Kritik und Vorwürfe auszuschalten, ist unfähig, sich über materiellen Wohlstand zu erheben.

DER RITTER DER MÜNZEN

Traditionelle Erscheinung
Er reitet langsam vorwärts
auf einem starken Pferd.
Er ist mit der gewöhnli-
chen breitärmeligen Tuni-
ka bekleidet und trägt eine
engsitzende Kappe auf
dem Kopf. Er zeigt eine
große Münze in der einen
Hand und hält entweder
einen Stab oder ein Zepter
in der anderen.

RITTER der MÜNZEN

Divinatorische Bedeutung
Aufrecht: Er ist der Verteidiger von Recht und Wahrheit.
Er folgt einem hohen Ehrenkodex, der auf herkömmlichen Maßstäben beruht. Er ist ein Verfechter der Tradition und jahrhundertealter Werte. Geduldig im Widerstreit, verläßt er sich eher auf die maßgebliche Haltung
führender Kreise als auf seine eigene Urteilskraft. Er liebt
praktische Tugenden mehr als abstrakte Prinzipien.
Umgekehrt: Er ist ein Verfechter von überholten Systemen gegenüber den Kräften des Fortschritts. Er ist
selbstgefällig, selbstzufrieden, schwerfällig, und es mangelt ihm an Voraussicht.

PAGE DER MÜNZEN
Traditionelle Erscheinung
Er trägt eine Tunika und
einen breitkrempigen Hut.
Er steht auf freiem Feld,
hält eine große Münze in
seiner rechten Hand, und
die andere ruht auf seiner
Hüfte. Gelegentlich befindet sich eine zweite Münze
zu seinen Füßen.

BUBE der MÜNZEN

Divinatorische Bedeutung
Aufrecht: Er ist sparsam, gewissenhaft und stolz auf seine
Verantwortung. Er ist fleißig in der Ausübung seiner
Pflichten und im Grunde genommen eine ehrenwerte
Person. Er hat einen gesunden Geschäftssinn und ist ein
guter Verwalter.
Umgekehrt: Er ist faul, schwerfällig, übergenau, es fehlt
ihm an Humor, und er nimmt sich selbst zu wichtig. Er
genießt es, Macht über andere auszuüben.

Die vierzig Zahlenkarten

Auf den folgenden Seiten finden Sie die divinatorischen Bedeutungen der restlichen kleinen Arkana des Tarot. Diese sind in Serien angeordnet: Stäbe, Kelche, Schwerter und Münzen. Es wird deutlich, daß die Bedeutungen der Karten von ihrem Bezug zu den »Vier Welten« der Kabbalisten abgeleitet worden sind: Stäbe – die Welt des Wachstums; Kelche – Die Welt der Schöpfung; Schwerter – die Welt der Gestaltung; Münzen – die Welt der Empfindung.

Die Karten in der Serie der Stäbe beziehen sich auf Inspiration, Ideen und Intellekt sowie die Schulung des Willens.

Die Karten in der Serie der Kelche beziehen sich auf Schöpfung, Liebe, Gefühle und alle emotionalen Bereiche.

Die Karten in der Serie der Schwerter beziehen sich auf Bewegung, Fortschritt, Konflikte und den Aufbau von Ordnung.

Die Karten in der Serie der Münzen beziehen sich auf materielle Bequemlichkeit, Wohlstand, Handel und Geschäft, Stabilität und Sicherheit.

Die Karten teilen daher das menschliche Leben in vier Bereiche des Strebens, denen je zehn Karten mit einer Reihe von Bedeutungen für die aufrechte und die umgekehrte Position zugeordnet sind.

Zusätzlich zu der Bedeutung der einzelnen Karte kann jede Karte auch im Hinblick auf ihre Kombination mit anderen Karten interpretiert werden. Dies wird im folgenden Kapitel erklärt, das als praktische Anleitung zur Tarot-Divination dienen soll.

Die Serie der Stäbe

STAB AS

Divinatorische Bedeutung

Aufrecht: Kreativität, Fruchtbarkeit, Originalität, Idee, Männlichkeit; die positive, maskuline Kraft der Schöpfung. Die ursprüngliche Energie und Lebenskraft des Elements Feuer. Die Fähigkeit der Intuition. Die natürliche Fruchtbarkeit der Natur. Deutet auf den Beginn von etwas Neuem hin, der Beginn neuer Unternehmungen, die Grundlage für zukünftigen Erfolg und Überfluß. Auch künstlerische Inspiration, Erfindungsreichtum, Erneuerung.

Umgekehrt: Unfähigkeit, Unfruchtbarkeit. Stolz, Geiz, Gier, Vermessenheit, die in Zerstörung endet.

AS der STÄBE

STAB 2

Divinatorische Bedeutung

Aufrecht: Ideen können durch Willensstärke umgesetzt werden. Strenge Herrschaft bewirkt Frieden und Gerechtigkeit. Reichtümer und Autorität werden rechtmäßig erworben. Die verantwortliche Handhabung von Vollzugsgewalten. Mut und Entschlußkraft als Resultat hoher Motive. Verdienter Erfolg. Weisheit durch Erfahrung.

Umgekehrt: Ehrgeiz, der kein Hindernis verträgt; der Wille nach Macht. Durch unrechtmäßige Mittel erlangter Wohlstand. Stolz ohne Demut. Großer Erfolg, der im Gefühl von Nutzlosigkeit und Leere endet. Das Erreichen eines Zieles, das sich als wertlos erweist. Verlust an Selbstvertrauen und an Vertrauen in die eigenen Motive.

STAB 3

Divinatorische Bedeutung

Aufrecht: Der erfolgreiche Start eines großen Wagnisses. Originelle Ideen finden ihren Ausdruck. Inspiration wird belohnt. Stärke wird durch Unternehmungen und Anstrengungen gewonnen, die aus kraftvoller Überzeugung entstehen. Dies ist die Karte des Künstlers und Erfinders, der Träume realisiert.

Umgekehrt: Nervenversagen; die Unfähigkeit, Ideen in klaren Begriffen auszudrücken. Die Jagd nach dem Unmöglichen. Deutet auf eine fehlende Vermittlung zwischen der Imagination und der physischen Welt. Enttäuschung in der Realität, was zur Flucht in die Phantasie führt. Großartige Vorstellungen, die zu nichts führen. Es gelingt nicht, die Ideen praktisch umzusetzen.

STAB 4

Divinatorische Bedeutung

Aufrecht: Leistungen im Ideenbereich. Die Karte des erfolgreichen und berühmten Designers, Neuerers oder Freiberuflers. Die Einsetzung von Schönheit und Eleganz. Witz, geistige Schärfe, die feinsinnigsten Künste der Zivilisation, Bildung und Kultur.

Umgekehrt: Dekadenz, übertriebener Gebrauch von unnötiger Etikette und Förmlichkeit. Mangelnder Kontakt mit den Realitäten des Lebens führt zu einer Bindung an künstliche Regeln. Snobismus und Gefühle von angeborener Überlegenheit allein auf Tradition gegründet. Kreative Inspiration wird engstirnig und konventionell.

STAB 5

Divinatorische Bedeutung

Aufrecht: Widerstreit, der sich durch geistige Flexibilität lösen läßt. Unumgängliche Konflikte, Prüfungen müssen bestanden werden im Hinblick auf den weiteren Erfolg oder zur Fortsetzung der bisherigen Leistungen. Umwälzungen, die den ganzen Einfallsreichtum fordern und vor denen nichts als sicher gilt. Deutet auf einen unbarmherzigen Kampf, der nötig ist, wenn der Preis gewonnen werden soll.

Umgekehrt: Vermeidbarer Streit, Betrug, Niederlage durch Betrügerei.

STAB 6

Divinatorische Bedeutung

Aufrecht: Sieg, Triumph, wichtige Neuigkeiten. Die Erfüllung von großen Hoffnungen und Wünschen. Erfolg durch harte Arbeit und Originalität; Zufriedenheit mit dem Erreichten. Die geschickte Überwindung allen Widerstandes durch die Anwendung von Diplomatie anstelle von Gewalt.

Umgekehrt: Verspätete Neuigkeiten, Befürchtungen über den Ausgang einer Angelegenheit, Besorgnis über die verborgenen Aktivitäten der Feinde.

STAB 7

Divinatorische Bedeutung

Aufrecht: Eine Zeit großer Gelegenheiten, die Mut und Ausdauer erfordern, wenn sie wahrgenommen werden sollen. Deutet auf einen heftigen Wettstreit, der durch anhaltende Anstrengungen gewonnen werden kann. Triumph über Schicksalschläge durch persönliche Tapferkeit. Widerstand, Hindernisse, Widrigkeiten, aber die Aussicht auf einen greifbaren Erfolg.

Umgekehrt: Unentschlossenheit, Furchtsamkeit angesichts einer Herausforderung, was zur Niederlage führt. Durch Zögern verpaßt man eine Chance. Bloßstellung führt in Verlegenheit, Irreführung.

STAB 8

Divinatorische Bedeutung

Aufrecht: Hoffnungsvoller Wechsel, Bewegung, Aktivität. Das Ende von Verzögerungen und die Beschleunigung aller Angelegenheiten. Deutet auf eine geeignete Zeit, um die Initiative zu ergreifen und mit Mut und Selbstvertrauen zu handeln. Günstig für Neuigkeiten und Mitteilungen aller Art, Förderung von Verständnis und Kooperation. Wichtige Reisen werden angezeigt. Diese Karte zeigt nicht den Erfolg an sich, sondern Bedingungen, die zum Erfolg führen können.

Umgekehrt: Intelligenz, Beredsamkeit oder andere antreibende Kräfte werden verzettelt oder erschöpft, bevor sie wirken können. Ungestüme Handlung einer Person, die vorwärts eilt, ohne nach links oder rechts zu sehen, ihre Energie falsch einsetzt und verschwendet.

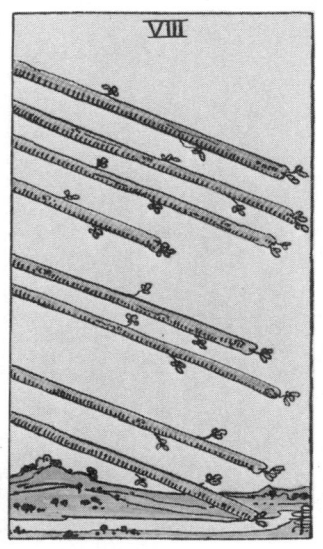

STAB 9

Divinatorische Bedeutung

Aufrecht: Große Stärke und Stabilität, die sich nicht umstürzen läßt. Tapferkeit in der Verteidigung und Sieg im Angriff. Die Versicherung, daß Widerstand überwunden wird. Zeigt an, daß man sich in einer sicheren und nicht angreifbaren Position befindet.

Umgekehrt: Starrsinn, die Unfähigkeit zum Kompromiß, vermeidbare Verzögerungen, Argwohn, mangelnde Anpassungsfähigkeit.

STAB 10

Divinatorische Bedeutung

Aufrecht: Triumph der Gewalt. Der große Erfolg ist zum Mittel der Unterdrückung geworden. Starrsinn und fixe Ideen dienen dazu, die Gesellschaft in eine statische Form zu pressen. Macht, die sich nicht auf die eigenen Ausdrucksmöglichkeiten beschränkt. Schwierigkeiten, hervorgerufen durch übermäßigen Erfolg.

Umgekehrt: Betrug, List, Lügen, welche die geregelten Angelegenheiten anderer zerstören.

Die Serie der Kelche

KELCH AS
Divinatorische Bedeutung

Aufrecht: Die feminine passive Kraft der Schwangerschaft. Die ursprüngliche Ruhe des Elements Wasser. Ernährung, Schutz, der Vorgang der Schöpfung, Treue, die Fähigkeit zu fühlen. Große Fruchtbarkeit ist angezeigt, das Wirken der Liebe in der Welt. Kann Heirat, zukünftige Mutterschaft, Freude und Fülle vorhersagen.
Umgekehrt: Unfruchtbarkeit, Mangel an Liebe, Stagnation, Verzweiflung, Verlust von Glauben.

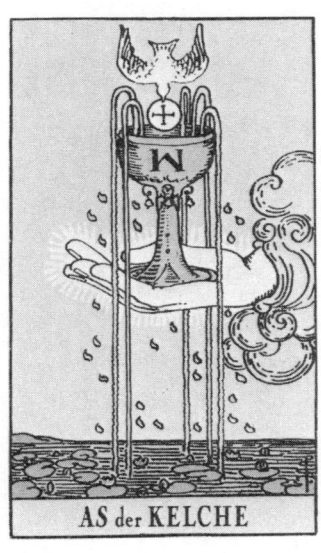

AS der KELCHE

KELCH 2

Divinatorische Bedeutung

Aufrecht: Liebe, gefühlsmäßige Verwandtschaft, Verstehen, Sympathie, freudige Harmonie, die Aussöhnung von Gegensätzen durch gegenseitiges Vertrauen und Treue. Freundschaft, Zusammenarbeit, die Unterzeichnung eines Abkommens, das Ende einer Fehde oder Rivalität, die Beilegung eines Streits in freudiger Übereinstimmung.

Umgekehrt: Abweichende Meinung, Trennung, Scheidung, Täuschung oder Untreue in einer persönlichen Beziehung. Das Wegwerfen eines wertvollen Geschenkes, der Verrat der Treue. Auch Eifersucht, Rachsucht, unverantwortliches Enthüllen der Angelegenheiten anderer.

KELCH 3

Divinatorische Bedeutung

Aufrecht: Große Freude wegen einer Heirat oder Geburt. Es erfüllt sich etwas, was in Liebe empfangen wurde. Die Karte der Mutterschaft, reicher Fruchtbarkeit, des Wohlbehagens, der Werbung, des Vertrauens, der Harmonie, des Glücks und der Heilung von Krankheiten.

Umgekehrt: Ungezügelte Leidenschaft, Sex ohne Liebe, Selbstbefriedigung, Sinnlichkeit, Hunger, Krankheit, die selbstsüchtige Ausbeutung der Gefühle anderer.

KELCH 4

Divinatorische Bedeutung

Aufrecht: Emotionales Glück; Erfüllung, die ihren Gipfel erreicht hat und nicht weitergehen kann. Die Gründung einer Familie. Die passive Freude an dem, was erreicht worden ist. Aber die Karte deutet auch auf eine neue Unzufriedenheit, die nicht durch die Dinge dieser Welt gelindert werden kann. Die Erfüllung ist erreicht, was kann es mehr geben? Liebe wird möglicherweise zur Gewohnheit.

Umgekehrt: Überdruß, Ausschweifungen aller Art. Ermüdung oder Krankheit aufgrund von Lasterhaftigkeit.

KELCH 5

Divinatorische Bedeutung

Aufrecht: Der Kelch des Glücks ist umgestürzt, Harmonie wird durch Sorge und ein Gefühl von Verlust ersetzt. Melancholie und Enttäuschung werden angezeigt, aber obwohl etwas verlorengegangen ist, gibt es noch andere Möglichkeiten. Deutet auf die Notwendigkeit einer Neubesinnung im Leben, was zu größeren Veränderungen führt. Besteht diese Möglichkeit, so ist noch nicht alles verloren.

Umgekehrt: Unerwartete Sorgen und Befürchtungen. Unglück, das ein Gefühl von Verlust und Kraftlosigkeit zurückläßt.

KELCH 6

Divinatorische Bedeutung

Aufrecht: Glück aufgrund früherer Anstrengungen. Harmonie, Wohlbefinden, angenehme Erinnerungen und die Erfüllung eines Traums. Vorgänge aus der Vergangenheit bringen Freude in der Gegenwart. Diese Karte deutet auf neue Elemente, die in das Leben eintreten. Diese Elemente sind auf eine seltsame Art mit der Vergangenheit verbunden, aber sie bewirken eine Erneuerung der Aktivitäten in der Gegenwart. Die Vergangenheit wirkt durch die Gegenwart und schafft so die Zukunft.

Umgekehrt: Nostalgie, und ein beständiges Verlangen nach dem Vergangenen, was niemals wiederkehren kann. Mißerfolg durch die Unfähigkeit, sich anzupassen an sich verändernde Bedingungen.

KELCH 7

Divinatorische Bedeutung

Aufrecht: Eine Karte der Wahl. Der Fragende wird mit mehreren Wahlmöglichkeiten konfrontiert, von denen eine eine besondere Verheißung darstellt. Aber große Klarsicht ist erforderlich, um das zu erkennen. Die eigenen Ziele sollten sorgfältig überprüft werden, um einen größeren Irrtum zu vermeiden. Kelch 7 symbolisiert gelegentlich auch eine inspirierende mystische Erfahrung.

Umgekehrt: Selbsttäuschung, Phantasien, Bauen auf falsche Hoffnungen. Eine Gelegenheit wird durch Untätigkeit verpaßt. Enttäuschung in Liebesangelegenheiten.

KELCH 8

Divinatorische Bedeutung

Aufrecht: Veränderungen im Bereich der Zuneigungen. Das Auflösen von Verbindungen zur Vergangenheit, die ihre Bedeutung verloren haben. Ein Abwenden von festen Beziehungen und Gegenständen der Zuneigung, um zu etwas Neuem und Tieferen zu gelangen. Kann auch auf eine Enttäuschung in der Gegenwart deuten, die den Beginn von größerer Zufriedenheit in der Zukunft einleitet. Ein Wechsel des Standpunktes oder der Perspektive.

Umgekehrt: Ablehnung von festen Liebesbeziehungen zugunsten eines unmöglichen Ideals. Unruhe und Unzufriedenheit führen zur Abkehr von Bewährtem.

KELCH 9

Divinatorische Bedeutung

Aufrecht: Gefühlsmäßige Stabilität, Zufriedenheit, Güte, Freundlichkeit, Vorurteilslosigkeit, Großmut des Geistes, Wohlgefühl. Innere Sicherheit, die eine allgemeine Aura des Wohlwollens ausstrahlt. Ein liebevolles Wesen. Umstände, die diese Eigenschaften begünstigen.

Umgekehrt: Selbstzufriedenheit, Selbstgefälligkeit, Eitelkeit, Einbildung, Sentimentalität, das Übersehen von Fehlern anderer kann zu Mißbrauch der Gastfreundschaft führen.

KELCH 10

Divinatorische Bedeutung

Aufrecht: Eine friedvolle und sichere Umgebung. Die Suche nach Erfüllung wird von Erfolg gekrönt. Vollendete Liebe und Eintracht zwischen Menschen.

Umgekehrt: Unterbrechung einer geordneten Routine, unsoziales Handeln, selbstsüchtiges Ausnutzen des Wohlwollens anderer. Manipulation der Gesellschaft zu persönlichem Vorteil.

Die Serie der Schwerter

SCHWERT AS

Divinatorische Bedeutung

Aufrecht: Sieg, Erfolg, Triumph, das Wirken unwiderstehlicher Kraft. Das Symbol göttlicher Gerechtigkeit und Autorität, Stärke im Unglück. Das Denkvermögen. Unternehmungen werden trotz scheinbar unüberwindlicher Probleme erfolgreich sein. Fortschritt, der nicht aufgehalten oder umgelenkt werden kann. Notwendige Veränderungen; ein Niederreißen zum Aufbau von etwas Besserem. Freiheit durch die Beseitigung von Zwängen.

Umgekehrt: Mutwillige Zerstörung, negative Kraft, unkontrollierte Gewalt, Machtmißbrauch. Beschränkung aufgrund von Macht oder Furcht. Unrecht; das Ansichreißen göttlicher Autorität durch menschlichen Willen.

AS der SCHWERTER

SCHWERT 2

Divinatorische Bedeutung

Aufrecht: Gleichgewicht, die Wechselwirkung der gegensätzlichen Kräfte des Universums, woraus Leben entsteht. Wahrheit und Schönheit entstehen aus Streit und
Uneinigkeit. Waffenstillstand, Friede und Gerechtigkeit
durch das vollkommene Gleichgewicht der sich gegen-
überstehenden Waffen oder Elemente. Freundschaft im
Unglück.

Umgekehrt: Hang zu Spannung und Zwietracht um ihrer
selbst willen. Gezieltes Unruhestiften, Betrügerei, Täuschung, Verrat, Selbstsucht, Mißbrauch von Vertrauen,
Mangel an Selbstbeherrschung.

SCHWERT 3

Divinatorische Bedeutung

Aufrecht: Notwendiger Streit und Konflikt. Zerstörung des Veralteten als Voraussetzung für das Kommende. Unterbrechung, Umwälzung, Trennung und Uneinigkeit, aber mit einem positiven Ausgang in Sicht zur Entwicklung von etwas Besserem.

Umgekehrt: Krieg, Uneinigkeit, Streit, Auseinandersetzung, Zank, Feindschaft. Große physische oder geistige Störung. Der Bruch eines Waffenstillstands.

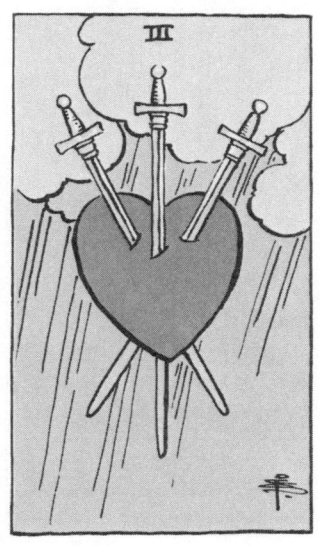

SCHWERT 4

Divinatorische Bedeutung

Aufrecht: Frieden und Ordnung sind mitten im Streit eingekehrt, bedingt durch Stärke und Geschicklichkeit im Umgang mit den Waffen. Gesetz und strenge Verwaltung in unruhigen Zeiten. Ruhe und Gelegenheit zur Erholung von den angerichteten Verheerungen der Schlacht. Ein willkommener Rückzug von den Beanspruchungen des Lebens. Kann auf notwendigen Krankenhausaufenthalt deuten.

Umgekehrt: Feigheit; Ausweichen vor Konflikten. Exil, Verbannung, erzwungene Abgeschiedenheit, Einkerkerung, Nervenversagen, Depression.

SCHWERT 5

Divinatorische Bedeutung

Aufrecht: Niederlage, Verlust, Schande, die nicht überwunden werden kann. Die Karte zeigt, daß dies akzeptiert werden muß, bevor zukünftiger Erfolg in anderen Bereichen erzielt werden kann. Deutet auf die Notwendigkeit, unnütze Kriegsführung zu vermeiden, Stolz zurückzunehmen und das Unausweichliche zu akzeptieren.

Umgekehrt: Unheil aufgrund von Schwäche oder Unentschlossenheit, Bosheit, Groll, Tücke. Man soll sich vor jemandem in acht nehmen, der sich auf diese Weise in fremde Angelegenheiten mischt.

SCHWERT 6

Divinatorische Bedeutung

Aufrecht: Die Lösung von drängenden Problemen. Ein Abrücken der drohenden Gefahr. Deutet nicht auf den totalen Erfolg, der von der Notwendigkeit weiterer Auseinandersetzungen befreit, jedoch auf die Überwindung eines größeren Problems und die Fortsetzung des erfolgreichen Vorankommens. Kann auch auf eine Reise deuten, die vom Unruheherd weg zu harmonischeren Umständen führt.

Umgekehrt: Erfolg, der erst errungen werden kann, wenn sich weitere Hindernisse offenbaren. Deutet auf die Notwendigkeit fortgesetzter Anstrengungen und Tapferkeit. Warnt vor dem aussichtslosen Versuch, den Schwierigkeiten auszuweichen, ohne sie zu lösen.

SCHWERT 7

Divinatorische Bedeutung

Aufrecht: Diese Karte rät zu Klugheit und Voraussicht angesichts mächtiger Gegnerschaft. Obwohl eine direkte Konfrontation verheerende Folgen hätte, kann der Sieg doch errungen werden, indem man die Schwachpunkte des Feindes sucht und ihn im Vorhinein entwaffnet. Doch Mut und Ausdauer sind erforderlich. Große Gefahr naht, aber auch die Möglichkeit des Triumphes durch List.

Umgekehrt: Kapitulation zu einem Zeitpunkt, wo der Sieg beinahe errungen ist. Nervenversagen, mangelnde Anstrengung; Widerstreben, einen gewagten, aber notwendigen Schritt zu unternehmen.

SCHWERT 8

Divinatorische Bedeutung

Aufrecht: Beschränkung, größere Schwierigkeiten, aufgezwungene Isolation und widrige, vom Schicksal bestimmte Umstände. Diese können allmählich durch geduldige Anstrengung und Aufmerksamkeit in kleinen Dingen überwunden werden. Auf den ersten Blick erscheint diese Karte sehr ungünstig, sie soll jedoch anzeigen, daß ein Zyklus von Widrigkeiten zum Ende kommt und Veränderungen zum Besseren bereits am Werk sind. Aber das ist kein automatischer Vorgang; Gelegenheiten sollten ergriffen werden.

Umgekehrt: Verzweiflung, Enttäuschung, Depression, harte Arbeit bei geringem Verdienst. Anstrengung am falschen Platz.

SCHWERT 9

Divinatorische Bedeutung

Aufrecht: Täuschung, Enttäuschung, Versagen, Grausamkeit, unbegründete Gefühlsausbrüche, Gewalt, Skandal. Alles kann jedoch durch Ergebung, passiven Gehorsam, Glauben und bewußtes Nichthandeln bekämpft werden. Dies ist die Karte des Märtyrers; sie bringt Kraft und neues Leben durch Leiden.

Umgekehrt: Bosheit, Leid, Verleumdung, völlige Isolation von Hilfe und Trost.

SCHWERT 10

Divinatorische Bedeutung

Aufrecht: Verlassenheit, Auflösung und Ruin – im allgemeinen eher auf eine Gruppe als auf eine Einzelperson bezogen. Aber es besteht auch Grund zur Hoffnung. Diese Karte repräsentiert den Nadir, den tiefsten Punkt im Schicksalskreislauf. Von nun an kann es nur noch besser werden. Das Schlimmste ist bereits überstanden.

Umgekehrt: Eine trügerische Morgendämmerung. Eine scheinbare Erleichterung von Bürden oder Erlösung von Leid, was sich jedoch als Illusion erweisen oder nur von temporärer Bedeutung sein wird. Das Leiden wird andauern.

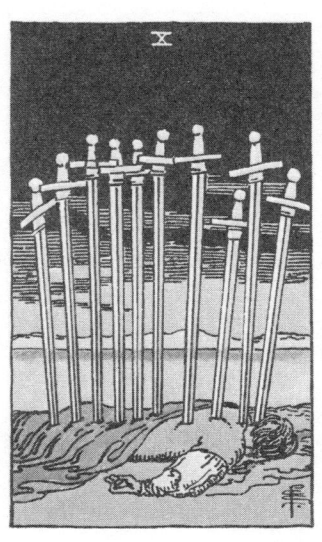

Die Serie der Münzen

MÜNZ AS
Divinatorische Bedeutung

Aufrecht: Sicherheit, solide Grundlage, Wohlstand, Besitztümer, Sinnenfreude. Die Fähigkeit zur Empfindung. Materielle Bequemlichkeit, Wertschätzung der angenehmen Dinge des Lebens, die Annäherung an den Geist durch die Dinge der Erde. Die Stabilität und Üppigkeit des Elements Erde. Gleichmut, die Fähigkeit, Widrigkeiten mit Standhaftigkeit zu ertragen.

Umgekehrt: Gier, Habsucht, Geiz, Abhängigkeit von physischen Vergnügen. Materialismus, mangelnder Glaube an alles, was jenseits dieser Welt ist; Furcht vor dem Tod, jagen nach Macht und Einfluß. Unfähigkeit, eingefahrene Denk- oder Verhaltensweisen zu ändern.

AS der MÜNZEN

MÜNZ 2

Divinatorische Bedeutung

Aufrecht: Der Wandel, die Schwankungen des Schicksals, die zu berücksichtigen sind. Bevorstehende Bewegungen und Veränderungen – Neuigkeiten, Mitteilungen, Reisen, alle verbunden mit Geschäft, Geld. Entwicklungen, die eine Atmosphäre der Fröhlichkeit und
Freude an den Vergnügungen der Gesellschaft schaffen.
Geschicktes Steuern auf den Wassern des Lebens, kluge,
erfolgversprechende Handhabung der Regeln.

Umgekehrt: Leichtsinn, Hochmut, tollkühnes Ablehnen
von Warnungen. Versäumen von Chancen durch Hingabe an augenblickliche Vergnügungen. Mangelnde
Anstrengungen. Unfähigkeit, Ideen oder Projekte zu
einem erfolgreichen Abschluß zu bringen. Unbeständig-
keit im Handeln mindert Aussicht auf Erfolg.

MÜNZ 3

Divinatorische Bedeutung

Aufrecht: Fortschritt in geschäftlichen Unternehmungen. Zukünftiger Wohlstand durch Originalität und ständiges Bemühen. Dies ist die Karte des Geschäftsmanns, Kaufmanns und des Handwerkers. Geschicklichkeit zur rechten Zeit wird belohnt. Deutet auf den Erfolg eines jeden Projekts, das in dieser Zeit begonnen wird, auch Lob und Anerkennung von maßgeblicher Seite. Hilfe und Zusammenarbeit in geschäftlichen Unternehmungen, die Errichtung einer Dynastie auf festem Fundament.

Umgekehrt: Anstrengungen, die in Enttäuschung und Versagen enden. Kritik von Personen, die man respektiert. Eigensinn, Selbstüberschätzung und Vorurteile, die es unmöglich machen, von dem Rat oder der Erfahrung anderer zu profitieren.

MÜNZ 4

Divinatorische Bedeutung

Aufrecht: Vollständige materielle Stabilität. Die Errichtung eines finanziellen oder geschäftlichen Imperiums. Triumph und Übernahme geschäftlicher Autorität. Macht, erlangt durch den Erwerb von Gütern und Besitz. Die Karte deutet auf die Überwindung von Geldproblemen, die Beseitigung von Hindernissen für geschäftlichen Erfolg. Sie zeigt an, daß Recht und Ordnung eher durch Handel und friedliche Verhandlungen als durch Gewalt erreicht werden.

Umgekehrt: Habsucht; die Unfähigkeit, Autorität zu übertragen; Konzentration an Macht und Reichtümern; bürokratische Methoden, die die individuelle Initiative zerstören. Widerstreben gegenüber Veränderungen aus Angst vor dem Verlust.

MÜNZ 5

Divinatorische Bedeutung

Aufrecht: Armut, bittere Not, materielle Sorgen, Arbeitslosigkeit, Verlust von Sicherheit. Diese Karte warnt vor kommenden schweren materiellen Sorgen, aber sie legt nahe, daß eine erzwungene Einschränkung in einem Lebensbereich neue Möglichkeiten in einem anderen Bereich eröffnet. Verbindungen sollten zu Menschen geschaffen werden, die sich in ähnlichen Umständen befinden, neue Wege erforscht werden. Die Botschaft lautet hier: nicht verzweifeln.

Umgekehrt: Unglück, dem man entrinnen könnte, wenn Halsstarrigkeit und Mangel an Vorstellungskraft nicht daran hindern würden. Die Entscheidung, auf dem derzeitigen Weg zu bleiben, kann nur Ruin aber niemals Erfolg bringen.

MÜNZ 6

Divinatorische Bedeutung

Aufrecht: Ausgeglichenheit und Zahlungsfähigkeit in materiellen Angelegenheiten. Die Einnahmen entsprechen den Ausgaben, und das Rad des Handels dreht sich gleichmäßig. Dies ist die Karte des Menschenfreundes, der seinen Wohlstand nicht für sich benutzt, sondern auch anderen hilft, in dieser Welt aufzusteigen. Sie deutet auf Wohltätigkeit, Sympathie, Herzensgüte und Dankbarkeit eines Menschen, der durch das Schicksal außergewöhnlich begünstigt worden ist. Geschenke, Belohnungen, Hilfe von »oben«, Gönnerschaft.

Umgekehrt: Verschwendung, Sorglosigkeit mit Geld, Verlust durch Diebstahl oder Betrug; Wohlstand, der zur Selbsterhöhung benutzt wird sowie zum Erwerb persönlicher Besitztümer.

MÜNZ 7

Divinatorische Bedeutung

Aufrecht: Möglicher materieller Erfolg, doch die Untätigkeit muß überwunden, die Chance muß ergriffen werden. Vergangene Bemühungen könnten sich als nutzlos erweisen, bedingt durch Untätigkeit in der Gegenwart. Eine Warnung vor drohendem Verlust und Enttäuschung. Es muß schnell gehandelt werden, um die Früchte der Arbeit zu ernten. Noch ist nicht alles verloren – eine gute Wendung des Schicksals ist noch möglich.

Umgekehrt: Verlust, Aufgabe, selbstverschuldete Geldsorgen. Vielversprechende Umstände führen zu Mißerfolg.

MÜNZ 8

Divinatorische Bedeutung

Aufrecht: Vorteilhafte Veränderung in materiellen Angelegenheiten. Das Umsetzen von Fertigkeiten führt zu
befriedigenden und profitablen Ergebnissen. Die Arbeit
wird belohnt. Die Karte deutet auf eine Zeit, in der
Anstrengungen intensiviert werden sollten, um zukünftig
einen dauerhaften Erfolg zu gewährleisten. Eine günstige
Karte für jemanden mit Talent oder Energie.

Umgekehrt: Konzentration auf einen kurzfristigen
Gewinn zu Lasten eines langfristigen Erfolges. Der Miß-
brauch von Fertigkeiten, Unehrenhaftigkeit im Geschäft.
Mißbrauch von Gelegenheiten für unsaubere Ziele.

MÜNZ 9

Divinatorische Bedeutung

Aufrecht: Materieller Erfolg, Bequemlichkeit, Anerkennung, Popularität. Guter Spürsinn und gesunde admini-
strative Fähigkeit bringen Ordnung in das Chaos.

Umgekehrt: Durch unredliche Mittel erlangter Wohlstand; Erfolg auf Kosten des Unglücks anderer. Eine
Warnung, daß die gegenwärtige Stabilität nicht lange
währen wird.

MÜNZ 10

Divinatorische Bedeutung

Aufrecht: Erbschaft, Familienglück, Blutsbande. Reichtum, der im Laufe der Generationen aufgebaut wurde. Materielle Sicherheit durch die Leistungen der Vorfahren. Kann Glück in Zusammenhang mit einem Testament oder einer Mitgift anzeigen. Die Errichtung einer Familientradition.

Umgekehrt: Die beschränkende Wirkung alter Tradition. Probleme der Legitimität und Abstammungsfolge. Einbruch oder Auflösung eines Haushalts nach dem Tode einer Person.

8. Wie der Tarot befragt wird

Es ist bekannt, daß Tarotkarten im Laufe ihres Werdegangs überwiegend, wenn nicht sogar durchgehend, für die Divination benutzt worden sind. In Venedig erschien 1550 ein Buch, das den Gebrauch der Karten beschrieb, um Antwort auf die verschiedensten Fragen zu bekommen, und als die Zigeuner die Tarotkarten übernahmen – wahrscheinlich in der zweiten Hälfte des 15. Jahrh. – verwandten sie die Karten anscheinend von Anfang an zum Wahrsagen.

Dieser Aspekt in der Geschichte des Tarot ist wahrscheinlich einer der wichtigsten Gründe dafür, daß er im wesentlichen bis auf den heutigen Tag unverändert geblieben ist. Sicherlich wäre er außerhalb des romanischen Sprachraums überhaupt nicht bekannt geworden, wenn er nicht den Ruf als Schrein geheimnisvollen okkulten Wissens und des Geheimnisses der Zukunft gehabt hätte. Ob der beständige Glaube an die Tarotkarten als zuverlässiges Orakel tatsächlich eine Grundlage hat, ist ein Thema, das sich der rationalen Argumentation entzieht. Die heutige Wissenschaft anerkennt keine physikalischen Gesetze, die einen Zusammenhang erklären könnten zwischen der zufälligen Folge gemischter Karten und dem Auftreten von Erscheinungen in der Zukunft.

Aber intelligente und verantwortungsbewußte Personen haben versichert, daß ihrer Erfahrung nach derartiges möglich ist. C.G. Jung untersuchte beispielsweise verschiedene Methoden der Divination, einschließlich der

Astrologie und des chinesischen I Ging, und seine Einsichten veranlaßten ihn dazu, die Theorie der Synchronizität zu entwickeln, die, kurz umrissen, davon ausgeht, daß alle Vorgänge, die in einem bestimmten Zeitpunkt zusammentreffen, die einzigartigen Qualitäten dieses Augenblickes an den Tag legen.[23]

Danach verbindet sich der Zeitpunkt der Geburt einer Person bedeutungsvoll mit allen anderen natürlichen Erscheinungen zu diesem Zeitpunkt, einschließlich der Positionen von Sonne, Mond und den anderen Planeten am Himmel. Deshalb gibt ein Horoskop – eine Karte des Himmels, von einem bestimmten Punkt der Erde aus betrachtet und für die Zeit und den Ort der Geburt erhoben – einem erfahrenen Astrologen Einblick in den Charakter und die Bestimmung dieser Person.

Damit vergleichbar ist das I Ging. Mit Hilfe von Schafgarbenstengeln wird das I Ging befragt, die dadurch ermittelten Textteile enthalten eine bedeutsame Antwort auf die gestellte Frage.

Jungs Theorie läßt sich gleichermaßen auf die Tarotkarten übertragen. Bei der Tarot-Divination werden die Karten zuerst gemischt, dann in verschiedenen Legearten ausgebreitet und vom Deuter interpretiert.

Ob jemand die Theorie der Synchronizität akzeptiert oder ablehnt, ist eine Sache der persönlichen Neigung und Erfahrung, obwohl es vielleicht unklug wäre, etwas möglicherweise Nützliches zurückzuweisen, ohne es vorher einer fairen Probe unterzogen zu haben.

Als die königlichen Astronomen Isaac Newton seinen erklärten Glauben an die Astrologie vorwarfen, antwortete er: »Ich, Sir, habe das Thema studiert – Sie haben es nicht.« Unter dieser Voraussetzung folgt hier eine Anleitung zur Befragung des Tarot.

Wie man beginnt

Alte Traditionen berichten viel über die Handhabung der Tarotkarten. Solche Gebräuche können natürlich ignoriert werden, aber das würde dem Geist des Tarot widersprechen, dem man sich einfühlend nähern sollte, damit er wirksam werden kann.

Die eigenen Tarotkarten sollten nie von Neugierigen abschätzig benutzt werden. Fremde Hände sollten die Karten nur berühren, wenn sie vor einer Auslegung gemischt werden.

Man selbst sollte die Karten so häufig wie möglich zur Hand nehmen, um die Darstellungen zu studieren und um sich die Bedeutungen ins Gedächtnis einzuprägen. Je mehr man sich mit den Karten vertraut gemacht hat, so heißt es, desto wirksamer werden sie. Dafür gibt es zwei Gründe:

Erstens kann die Tarot-Divination nur wirken, wenn man eine intuitive Brücke zwischen dem Unterbewußtsein und den Symbolen der Karten gebildet hat – dazu braucht man Zeit.

Zweitens müssen die Karten das aufnehmen, was man persönliche Schwingungen nennen kann. Es muß eine Art Rapport geschaffen werden zwischen dem Benutzer und seinen persönlichen Tarotkarten. Jeder erfahrene Deuter kann bestätigen, daß neue Tarotkarten durch häufiges Handhaben eingearbeitet werden müssen, bevor sie verläßliche Ergebnisse bringen.

Lässiger Umgang mit den Karten durch fremde Hände wird schnell die eigene Verbindung zu ihnen zerstören. Die Frage des Schutzes der Karten vor äußeren Einflüssen ist äußerst wichtig, da diese in allen traditionellen Anleitungen zum Gebrauch des Tarot auftaucht und in allen magischen Systemen zu finden ist. Die besondere Behandlung von Ritualobjekten soll die speziellen Kräfte und Eigenschaften intakthalten.

Beispielsweise können viele Hindu-Yogis ihre paranormalen Fähigkeiten nur zeigen, wenn sie auf einer Matte aus bestimmten Gräsern sitzen, von denen man glaubt, daß sie den Körper von den magnetischen Strömen der Erde isolieren. Es gibt keine wissenschaftliche Grundlage für diesen Glauben, so daß die besondere Behandlung möglicherweise ein notwendiges Training des Bewußtseins ist, um die weniger bekannten Fähigkeiten zu schulen, und der Effekt ist eher psychologischer Natur. Wenn man an die Heiligkeit eines Gegenstandes glaubt, wird dieser mit der Kraft der Psyche erfüllt und kann als Medium für die Offenbarung psychischer Phänomene dienen.

Werden die Tarotkarten nicht benutzt, so sollten sie am besten in ein purpurnes oder schwarzes Seidentuch gehüllt werden. Es empfiehlt sich, die Karten in ein hölzernes Kästchen mit Deckel zu legen und an einem Platz so aufzubewahren, daß andere Menschen nicht damit in Berührung kommen – möglichst an der nach Osten gewandten Seite des Raumes, da, symbolisch gesehen, von dort Licht und Inspiration kommen.

Man benötigt eine ebene Fläche, um die Karten für die Deutung auslegen zu können. Die Fläche sollte groß genug sein, um alle für die größte Auslegung benötigten Karten unterzubringen, mindestens jedoch 70 cm im Quadrat.

Vorbereitung zur Deutung

Um eine geeignete Atmosphäre in dem Raum zu schaffen, wo die Deutung vorgenommen werden soll, ist es hilfreich, mit dem Anzünden von Räucherstäbchen zu beginnen. Dies kann helfen, den Deuter und Fragesteller (Person, für welche die Deutung bestimmt ist) in eine ruhige und rezeptive Grundstimmung zu versetzen.

Nach dem Öffnen des Kästchens werden die ins Seidentuch eingeschlagenen Tarotkarten entnommen und so auf die Mitte des Tisches gelegt.

Man bittet den Fragesteller, an der Südseite des Tisches mit dem Gesicht nach Norden Platz zu nehmen. Man selbst setzt sich an die Nordseite, mit dem Gesicht nach Süden. Nach den esoterischen Lehren fließen die verborgenen Ströme der Erde von Norden nach Süden und wieder zurück, und deshalb befindet sich der Platz der Autorität und Kraft im Norden. Im alten China saßen die rechtsprechenden Beamten immer am Nordende des Audienzraumes, die streitenden Parteien ihnen gegenüber im Süden.

Deutet man die Karten für sich allein oder für eine abwesende Person, so sollte man mit dem Gesicht nach Osten sitzen. Nun ist man bereit, mit der Deutung zu beginnen. Die Karten werden aus dem Tuch gewickelt, das über den Tisch ausgebreitet wird. Das Seidentuch sollte groß genug sein, daß jede Karte auf die Seide paßt. Diese ziemlich komplizierten Vorbereitungen mögen als abergläubische Belanglosigkeit erscheinen, aber sie dienen dazu, den Geist auf das Anstehende zu konzentrieren, und wecken etwaig vorhandene psychische Fähigkeiten. Es gibt eine Vielzahl von Tarot-Legearten, von denen einige im folgenden besprochen werden. Die

Neun-Karten-Legung bezieht sich auf Vergangenheit, Gegenwart und Zukunft; die Kreislegung sagt das kommende Jahr voraus, und die Hufeisenlegung behandelt eine spezielle Frage.

Der Deuter mischt die Karten vollständig durch und dreht sie ab und zu von oben nach unten, um sicherzugehen, daß eine Mischung aus aufrechten und umgekehrten Karten vorliegt. Er übergibt die vorgemischten Karten dem Fragesteller mit der Bitte, diese auf alle Fälle nochmals zu mischen und darauf zu achten, einige Karten umzudrehen.

Danach nimmt der Deuter die Karten vom Fragesteller zurück und beginnt die Auslegung, die seiner Meinung nach den Erfordernissen des Fragestellers am besten entspricht.

Die Neun-Karten-Legung

Die Karten liegen mit der Bildseite nach unten, und die ersten neun Karten werden von oben nach dem Muster in nebenstehender Abb. immer noch mit der *Bildseite nach unten* ausgelegt.

Jetzt wird Karte Nr. 1 umgedreht. Diese Karte weist auf den herausragendsten Aspekt in der gegenwärtigen Situation des Fragestellers. Die Karte ist unter diesem Gesichtspunkt zu interpretieren.

Als nächstes wird die Karte Nr. 2 umgedreht. Sie weist auf das Beste, was der Fragesteller derzeit erreichen kann. Nun wird die Karte Nr. 3 umgedreht. Sie zeigt verborgene oder unbewußte Faktoren, die in den Angelegenheiten des Fragestellers am Werk sind; der Hintergrund der derzeitigen Situation.

Karte Nr. 4 wird umgedreht. Diese Karte enthüllt die vergangenen Ursachen für die derzeitige Situation.

Karte Nr. 5 wird umgedreht. Sie deutet auf den wahrscheinlichen Ausgang, wenn die vorherrschenden Tendenzen unverändert beibehalten werden; nicht das, was unbedingt geschehen wird, sondern was wahrscheinlich ist, wenn man nicht erheblichen Einfluß auf die Dinge nimmt.

Die Karten 6 bis 9 geben einen kurzen Überblick über den wahrscheinlichen Fortschritt des Fragestellers in der nächsten Zukunft. Die Andeutungen sind hier von allgemeiner Art und können sich über einen Zeitraum von Wochen oder Monaten erstrecken. Sie sollten der Reihe nach interpretiert werden, Karte Nr. 6 zeigt die zeitlich nächsten Vorgänge und Karte Nr. 9 die weiter entfernt liegenden.

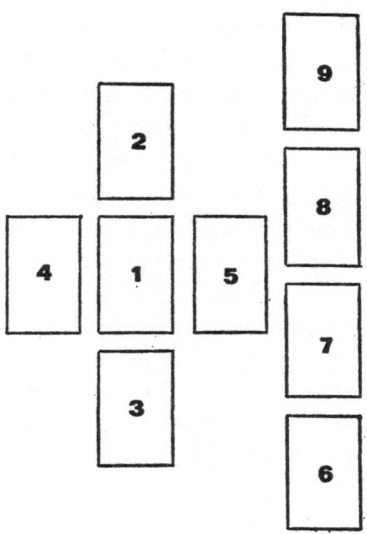

Diese Anfangslegung sollte ohne vorheriges Beratungsgespräch zwischen dem Fragesteller und dem Deuter vorgenommen werden. So kann der Deuter ein völlig unbeeinflußtes Bild von der derzeitigen Situation des Fragestellers erhalten.

Nun folgt eine hypothetische Ausdeutung dieser Legart, die als Anhalt für eine praktische Interpretation der Karten dienen und zeigen soll, wie die Bedeutungen zu einer Gesamtaussage verbunden werden können.

Angenommen die erste Karte ist Münz 8. Diese zeigt, daß der Fragesteller zur Zeit einen Wechsel zum Besseren in materiellen Angelegenheiten erwarten kann. Die Gezeiten des Schicksals begünstigen einen Fortschritt in seiner Arbeit oder Karriere, und er kann mit Angeboten rechnen.

Die allgemeine Aussicht ist günstig.

Die zweite Karte ist Kelch 7. Verschiedene Angebote werden dem Fragesteller gemacht, aber er hat zu entscheiden, welches davon den größten Spielraum für seine Talente und Bestrebungen bietet. Die tiefere Bedeutung hier lautet, daß die Wahl schwierig ist.

Die dritte Karte ist Stab As, umgekehrt. Darin ist eine Warnung enthalten. Der Fragesteller könnte sehr leicht einen Entscheidungsfehler begehen, entweder aus Mangel an Vertrauen in sich selbst und seine Fähigkeiten oder, andersherum, durch eine Überschätzung seiner eigenen Qualitäten und Leistungsfähigkeit. Er muß mutig nach seinem Ziel greifen, aber muß sich auch gleichzeitig sicher sein, daß seine Ziele realistisch sind.

Die vierte Karte ist der Wagen, umgekehrt. Sie gehört zu den großen Arkanen und ist daher von besonderer Bedeutung. Sie kann zeigen, daß der Fragesteller einen größeren Schicksalsschlag in der Vergangenheit erdulden mußte; gerade als alles ruhig voranzugehen schien und sich seine Ambitionen erfüllten, traf ihn das Unglück. Oder die Karte zeigt, daß der Fragesteller jemand ist, der seinen derzeitigen Erfolg durch die Ausbeutung anderer erreicht hat und seine eigenen Vorhaben auf ihre Kosten fördert. Jede der beiden Interpretationen ergibt einen Sinn, wenn sie mit der vorhergehenden Karte, dem Stab As umgekehrt, verglichen wird. Der Deuter muß nun entscheiden, welche Bedeutung angebracht ist. Diese Entscheidung hängt von seiner Einschätzung des vor ihm sitzenden Fragestellers und seiner Intuition ab.

Die fünfte Karte ist Münz 7. Der Rat lautet in diesem Fall, daß der angezeigte mögliche Erfolg in Karte 1 (Münz 8) und Karte 2 (Kelch 7) verpaßt werden kann, weil es der Fragesteller unterläßt, das Angebot zu ergreifen. Wieder kann dies aus Angst vor Versagen passieren oder von seinem Stolz und der falschen Einschätzung seiner Wichtigkeit herrühren. Der Erfolg wird ihm nicht in den Schoß fallen – er muß schon danach greifen.

Die sechste Karte ist Stab 3. Eine äußerst günstige Karte, die Erfolg eines größeren Wagnisses anzeigt, die Chance, selbst die Initiative zu ergreifen und wichtige Vorhaben voranzutreiben. Sie zeigt die Gelegenheit, auf welche die vorhergehenden Karten hingewiesen haben.

Die siebte Karte ist Schwert Königin. Das Auftauchen eines Königs oder einer Königin in einer Auslegung weist oft darauf hin, daß dem Fragesteller Hilfe oder Rat von jemandem angeboten wird, welcher der Beschreibung der Karte entspricht. So wird dem Fragesteller in diesem Fall (da die Karte aufrecht liegt) ein fundierter Rat angeboten oder ihm wird von einer Frau geholfen, die einen scharfen Verstand besitzt und die Fähigkeit, in den Kern eines komplexen Problems einzudringen, und die mit einer schnellen Lösung aufwartet. Die Schwert Königin bedeutet aber auch, daß sie sich nicht bedingungslos hergibt, sondern etwas für ihre Bemühungen erwartet.

Die achte Karte ist Stab 8. Diese Karte scheint darauf hinzuweisen, daß die vorher erwähnten Fallstricke umgangen werden, da die Karte die Beseitigung von Widrigkeiten, die Förderung von Vorhaben und erfolgreiches Vorankommen verspricht. Gute Nachrichten, insbesondere Reisen sind auch angezeigt.

Die neunte und letzte Karte ist Kelch 8. Karten aus der Kelchserie beziehen sich im allgemeinen auf den emotionalen Bereich; sie zeigen häufig einen Wandel an in der Einstellung der Person zu sich selbst, zu anderen und zum Leben überhaupt. Hier zeigt Kelch 8 an, daß der Fragesteller entweder seine Furcht oder seinen Stolz, welche die Ursache für seinen Sturz sein könnten, erfolgreich überwinden wird. Als solches ist dies ein günstiges Vorzeichen für die Zukunft.

In diesem Stadium der Deutung liegen alle neun Karten der Auslegung mit der Bildseite nach oben. Man sollte sie kurz zusammenfassen und den Fragesteller nochmals auf die wesentlichen Punkte ihrer Aussage hinweisen.

Unser hypothetisches Beispiel der Neun-Karten-Legung enthält die Aussage, daß der Fragesteller damit rechnen kann, Chancen angeboten zu bekommen; aber er wird darauf hingewiesen, daß er entweder seine Furcht überwinden oder seinen Stolz zurücknehmen muß, wenn er nicht einen schweren Fehler begehen will. Er muß die Vergangenheit vergessen und sich auf die Zukunft konzentrieren. Guter Rat und Hilfe werden ihm von einer intelligenten Frau angeboten, und er ist gut beraten, diese anzunehmen.

Die Kreis-Legung

Die Kreislegung ist äußerst zuverlässig, um eine allgemeine Voraussage für das kommende Jahr, beginnend mit dem Datum der Deutung zu geben.

Nachdem die Karten vom Deuter und Fragesteller gemischt worden sind, wird wie folgt verfahren. Beginnend mit der obersten Karte vom Stapel werden zwölf Karten in Kreisform mit der Bildseite nach oben ausgelegt, dann wird eine dreizehnte Karte, auch mit der Bildseite nach oben, in die Mitte des Kreises gelegt, so wie es in Abb. unten gezeigt ist. Die letzte Karte ist die wichtigste, da sie eine allgemeine Grundtendenz für die Ausdeutung des bevorstehenden Jahres angibt. Sie wird zuerst interpretiert. Dann werden nacheinander die übrigen zwölf Karten entgegen dem Uhrzeigersinn gedeutet.

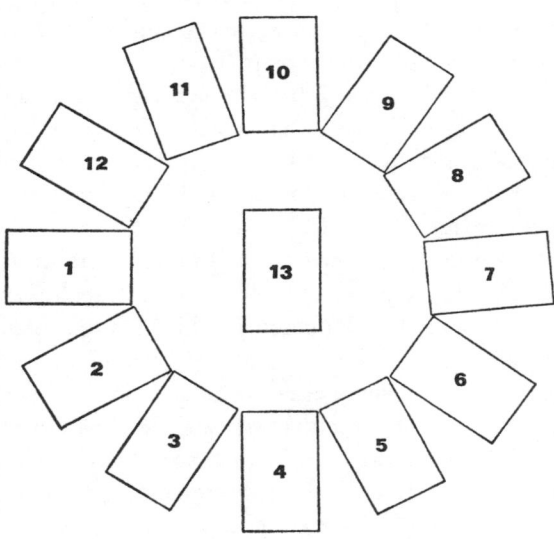

Das fehlende Beispiel soll helfen, die Karten im Hinblick auf die Angelegenheiten des Fragestellers aufeinander zu beziehen. Auch ist es hilfreich, wenn Tarotkarten vorhanden sind, diese entsprechend auszulegen, um sich beim Lesen dieses Abschnitts darauf zu beziehen. Von den dreizehn Karten in diesem Beispiel liegen elf aufrecht und mit ihrer oberen Kante auf das Zentrum des Kreises gerichtet. Die übrigen zwei Karten liegen umgekehrt und weisen mit der Unterkante zur Kreismitte.

Die Karte in der Mitte des Kreises soll die Nummer 1, Der Magier, sein. Seine Anwesenheit deutet hier darauf hin, daß in diesem Jahr Initiative und Bereitschaft zum Risiko Erfolg bringen werden.

Dieses Jahr bedeutet für die Angelegenheiten des Fragestellers den Beginn eines neuen Abschnittes.

Die Karte auf Position 1 soll Stab As sein. Sie bezieht sich auf den kommenden Monat und besagt, daß eine gute Zeit für neue Unternehmungen ist, die in der Zukunft gesicherte Erträge bringen werden.

Die Karte auf Position 2 bezieht sich auf den darauffolgenden Monat. Hier soll Münz 2 sein, die besagt, daß der Fragesteller zwischen attraktiven Alternativen zu wählen hat und sehr kritisch sein muß, um die richtige Entscheidung zu treffen.

Die dritte Karte soll Der Eremit (IX) sein, eine Karte der großen Arkana, die anzeigt, daß die Angelegenheiten des Fragestellers in drei Monaten in ein wichtiges Stadium treten werden. Sie rät zu sorgfältiger Planung und Überlegung, bevor man weiter voranschreitet. Ungeduld könnte an diesem Punkt verheerende Auswirkungen haben. Ein vernünftiger Ratschlag wird angeboten werden, entweder von einer anderen Person oder durch eine innere Eingebung des Fragestellers.

Die vierte Karte soll Schwert 6 sein, die auf eine erfolgreiche Lösung der Tagesprobleme im vierten Monat deutet.

Die fünfte Karte, Münz König, zeigt einen Mann, der praktisch veranlagt, geschickt in seinen Arbeiten und dem Fragesteller gegenüber loyal eingestellt ist. Jemand mit diesen Eigenschaften wird eine wichtige Position in den Angelegenheiten des Fragestellers im fünften Monat einnehmen.

Die sechste Karte soll Stab 9 sein. Sie zeigt, daß der sechste Monat eine ausgezeichnete Zeit ist, um kraftvoll zu handeln und so größeren Widerstand zu überwinden. Der Fragesteller kann sich schwer bedrängt fühlen, aber er kann sich seiner Grundposition sicher sein, und sein Mut wird ihm Erfolg bringen.

Die siebte Karte soll Kelch 3 sein, umgekehrt. Sie ist eine ernstzunehmende Warnung für den Fragesteller, der Gefahr läuft, durch Hemmungslosigkeit und gleichgültige Mißachtung der Rechte anderer das zu verlieren, was er gewonnen hat.

Die achte Karte, Kelch 4 umgekehrt, deutet hin auf Erschöpfung und Beeinträchtigung der Gesundheit aufgrund der in der vorhergehenden Karte angezeigten Ausschweifungen.

Die neunte Karte soll Münz 7 sein, die auf den Verlust von materiellen Besitztümern und Sicherheit weist, die über einen langen Zeitraum aufgebaut worden sind, sofern der Fragesteller sich nicht zusammenreißt. Diese Karte ist insofern ein gutes Vorzeichen, als sie zeigt, daß noch nicht alles verloren und eine Wende zum Guten noch möglich ist.

Die zehnte Karte soll Die Kraft (XI) sein, eine der großen Arkana. Dies ist eine Karte des entscheidenden Siegs über undisziplinierte Triebe und der Kontrolle irrationalen Verhaltens. Sie zeigt, daß sich der Fragesteller von dem anfangs erwähnten Rückschlag erfolgreich erholen wird.

Die elfte Karte soll Kelch 2 sein, ein Symbol der Rückkehr zu Harmonie und der Auflösung von Spannung und Widerstand.

Die zwölfte und letzte Karte soll Der Wagen (VII) sein, eine Karte der großen Arkana, die auf das sichere Vorankommen auf dem vorbestimmten Weg weist, die Überwindung aller Widrigkeiten und auf einen persönlichen Triumph.

Die Hufeisen-Legung

Wenn die Antwort auf eine spezifische Frage gewünscht wird, ist die Hufeisen-Legung einfach und verständlich. Man bittet den Fragesteller, sich während des Mischens der Karten auf die Frage zu konzentrieren.

Die Karten werden mit der Bildseite nach unten vom Fragesteller an den Deuter übergeben, dieser legt sieben Karten von oben in Hufeisenform auf den Tisch, gemäß Abb. S. 233, mit der Bildseite nach oben.

Die Karten werden entgegen dem Uhrzeigersinn von links nach rechts gedeutet.

Karte 1 bezieht sich auf vergangene Einflüsse.

Karte 2 zeigt die derzeitige Situation des Fragestellers.

Karte 3 bezieht sich auf die allgemeinen zukünftigen Bedingungen.

Karte 4 deutet auf das geschickteste Verhalten des Fragestellers in der Angelegenheit.

Karte 5 enthüllt die Einstellungen aus der Umgebung des Fragestellers.

Karte 6 weist auf Hindernisse zur Lösung der Frage.

Karte 7 gibt Hinweis auf den wahrscheinlichen Ausgang der Frage.

Hier ein Beispiel für die Antwort auf eine Frage mittels der Hufeisen-Legung. Die Frage wird von einer Frau gestellt, die unschuldiges Opfer eines Verkehrsunfalls war und jetzt Entschädigung verlangt: »Wie wird der Ausgang des Rechtsstreites sein, in den ich verwickelt bin?«

Angenommen die Karten erscheinen wie folgt: Der Turm (XVI), Kelch As, Kelch 9, Stab 7, Kelch 3 umgekehrt, Die Liebenden (VI), Münz Königin.

Hier eine mögliche Interpretation: Die erste Karte, Der Turm, bezieht sich auf die Vergangenheit und weist darauf hin, daß die Fragestellerin ohne eigene Schuld einen größeren Rückschlag erlitten hat.

Die zweite Karte, Kelch As, deutet an, daß sie jetzt den für die Erholung notwendigen Schutz und die Unterstützung erhält. Da sich die Frage auf eine Rechtssache bezieht, könnte diese auch darauf hindeuten, daß die

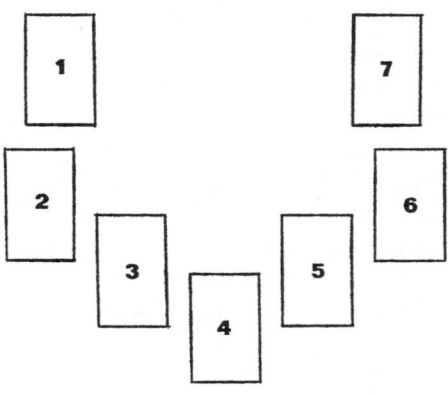

Angelegenheit der Fragestellerin von ihren Rechtsberatern ordentlich wahrgenommen wird.

Die dritte Karte, Kelch 9, sagt voraus, daß die Zukunft der Fragestellerin gesichert ist und sie innere Ruhe, emotionale Stabilität und Glück wiedergewinnen wird. Die vierte Karte, Stab 7, rät, daß noch Mut und Entschlossenheit erforderlich sind, um den Widerstand zu überwinden; doch wird beharrliches Bemühen den Erfolg sichern.

Die fünfte Karte, Kelch 3 umgekehrt, zeigt, daß einige Personen ihrer Umgebung sie ausnutzen könnten, wenn sie die Gelegenheit bekommen. Sie muß vorsichtig sein, um dies zu verhindern.

In dem Bereich, der die Hindernisse repräsentiert, denen die Fragestellerin begegnen wird, liegt die sechste Karte, Die Liebenden. Sie zeigt an, daß die Fragestellerin eine Wahl zu treffen hat und durch einen Geistesblitz zur richtigen Entscheidung geführt wird. Das könnte ein Angebot von der Gegenseite zur außergerichtlichen Einigung bedeuten; sie kann es annehmen oder auf dem Prozeß bestehen. Bezogen auf Stab 7, lautet die Anleitung hier, daß sie bei Unzufriedenheit mit der außergerichtlich angebotenen Summe weiter kämpfen sollte. Wenn sie dagegen mit dem Angebot zufrieden ist, sollte sie es akzeptieren.

Die siebte Karte, Münz Königin, gibt der Fragestellerin die abschließende Antwort und symbolisiert eine glückliche Lösung ihrer Frage. Der Ausgang des Prozesses wird für sie höchst zufriedenstellend sein. Sie wird finanziell gesichert sein, sie kann sich an den angenehmen Seiten des Lebens erfreuen und sie großzügig mit anderen teilen.

9. Meditation und Tarot

Es ist keineswegs unwahrscheinlich, daß das Wissen einiger ketzerischer Sekten des Mittelalters über esoterische, physische und geistige Disziplinen aus gnostischen Quellen des Ostens stammt, die vor demselben Hintergrund entstanden waren wie die angewandten Philosophien, so etwa das tantrische Yoga.

Die Tarotkarten zeigen eine überzeugende Reihe psychischer Bilder, und vermutlich sind sie nicht nur als Lernhilfen sondern auch als Fokus des Bewußtseins bei Einzel- und Gruppenmeditationen benutzt worden.

Der Sinn der Meditation besteht darin, die Aufmerksamkeit auf eine Ebene des symbolischen Bewußtseins zu konzentrieren, die zwischen dem Ego und dem inneren Selbst liegt. Zu den Kräften des Unbewußten kann man nicht direkt mit dem Verstand Kontakt aufnehmen, sondern nur indirekt durch den Gebrauch geeigneter Symbole.

Symbole können als psychische Vermittler die Konzentration auf die Urbilder der Psyche lenken und so ihre Kraft wieder ins Bewußtsein leiten. Sie sind die Sprache, mit der sich die inneren Welten verständlich machen.

Durch einen Prozeß fortwährender Konzentration auf die Grenzbereiche des Verstandes kann das Erscheinen solcher Symbole beobachtet und studiert werden. Sie sind die Keime neuen Lebens, die bei entsprechender Pflege und Sorgfalt wachsen können, bis sie die Früchte neuer Einsichten und eines erweiterten Bewußtseins der inneren Realitäten der gesamten Persönlichkeit tragen.

Symbole können als Stufen auf dem Weg dienen, der zum verborgenen Zentrum führt. Aber für Ungeübte tauchen sie oft in einer ungeordneten und chaotischen Weise – wie in Träumen – auf. Um sie nutzbar zu machen, müssen sie noch einmal gesammelt und in den Zusammenhang eines bekannten symbolischen Systems eingeordnet werden.

C.G. Jung fand eine Lösung zu diesem Problem, indem er die Träume und Visionen seiner Patienten mit Themen aus der Mythologie und Alchemie verglich. Die bedeutungsvollen Parallelen, die er fand, ermöglichten es ihm, die Bilder des Unbewußten in den Bezugsrahmen einer bekannten Symbolik zu setzen und so ihre Bedeutung aufzudecken.

Meditation ist ein Mittel, den Geist zu trainieren, Symbole als Stufen oder Tore auf einer Entdeckungsreise zu benutzen, die aus dem egozentrischen Bereich des bewußten Geistes in die größeren und reicheren Gebiete des höheren Selbst führt.

Dies ist die psychologische Bedeutung der Mythen, in denen der Held in die Unterwelt herabsteigt, das Ungeheuer besiegt und die Königstochter zur Braut gewinnt; oder er opfert sich selbst, wird getötet und in ein neues und besseres Leben wiedergeboren.

Die mythische Suche ist sowohl schwierig als auch gefährlich, da der Tod der Wiedergeburt vorangehen muß – das Ego muß transzendiert werden, bevor das wahre Selbst, der schwer zu erlangende Schatz, die Persönlichkeit erstrahlen lassen kann.

Ein bekanntes Beispiel für ein westliches Meditationssystem sind die *spirituellen Übungen* des Ignatius von

Loyola. Nach einer Zeit intensiver Selbstprüfung vollzieht der Übende die Erfahrungen Christi von seiner Leidenszeit bis zur Auferstehung nach, indem er sich so weit in die beschriebenen Szenen der Stationen des Kreuzes projiziert, bis er die Leiden und den Triumph seines Herrn an sich selbst erfährt.

Diese Methode der Steigerung und Neubelebung des Bewußtseins durch die gezielte Anwendung der kreativen Imagination ist analog zu Erfahrungen, die beim Initiationsritual des Todes und der Wiedergeburt durchlaufen werden müssen und der zweiten Hälfte des Jungschen Individuationsprozesses oder den Verfahren der Alchemie und den Bildern des Tarotzyklus entsprechen. Die zweiundzwanzig Karten der großen Arkana wurden im vorigen Jahrhundert ausgiebig von westlichen Okkultisten als wichtiger Teil ihres kabbalistischen Meditationssystems »Der Baum des Lebens« benutzt. Wie bereits in Kapitel 5 ausgeführt, sind die Karten den zweiundzwanzig Wegen des Baumes zugeordnet und dienen als Visualisationshilfen beim »Aufsteigen auf die Ebenen«. Aber die Karten können auch ohne Bezugnahme auf ein System wirkungsvoll benutzt werden. Dazu folgen nun einige Hinweise.

Das Ziel der Tarot-Meditation ist, sich in der Vorstellung in jede Karte hineinzuversetzen, ihre Bildersprache zu erforschen, ein Gefühl für ihre Symbolik zu bekommen und ihre Bedeutung für die eigene psychische Struktur aufzudecken.

Wir alle unterscheiden uns voneinander physisch und psychisch, so daß die Botschaft eines jeden Tarotbildes für jeden Menschen individuell verschieden ist, obwohl die allgemeine Bedeutung auf alle anwendbar ist. Deswegen kann das Studium der Erfahrungen und Befunde anderer Personen nur von akademischem Interesse sein. Was sie herausgefunden haben, ist rein persönlich und für sie bedeutungsvoll. Das gilt auch für die eigenen Entdeckungen. Die Symbolik der Tarotarkana ist so reichhaltig und tief, daß jeder neue Einblicke und Möglichkeiten entdecken kann. Sie sind eine unerschöpfliche Schatzkammer von Bildern. Man sollte mit den Karten in ihrer natürlichen Abfolge arbeiten, mit dem oft unnumerierten Narren beginnen und der Karte XXI Die Welt enden. Jede Karte schließt sich der vorhergehenden an und bereitet den Weg für die folgende, so daß die zufällige Auswahl einer Karte irreführende Ergebnisse zeitigen kann. Die Dauer der Meditation kann kurz oder lang sein, doch sind für Anfänger kurze Sitzungen bis zu etwa zehn Minuten am besten, bis der Geist sich an die ungewohnte Tätigkeit gewöhnt hat.

Jede Sitzung kann einer einzelnen Karte gewidmet sein. In diesem Fall sollten die Sitzungen Teil eines Programmes sein, das sich über mehrere Wochen erstreckt. Alternativ kann eine Sitzung die gesamten zweiundzwanzig Karten der Folge umfassen; und während man sich von Karte zu Karte voranarbeitet, entwickelt sich die Geschichte, erreicht ihren Höhepunkt und wird gelöst.

Um erfolgreich meditieren zu können, ist es nicht notwendig, sich in einen tranceartigen Zustand zu versetzen, bei dem man die Umgebung weitgehend ausschaltet. Es sollte eher das Ziel sein, einen Grad der Konzentration zu erreichen, in dem die Umgebung nicht mehr von der hervorgerufenen inneren Vision ablenkt.

Man sollte bequem auf einem Stuhl sitzen, gleichmäßig und locker atmen und sich entspannen. Man blickt auf die gewählte Tarotkarte, die in bequemer Höhe und Entfernung plaziert sein sollte – es ist wahrscheinlich am besten, die Karte aufrecht vor sich auf den Tisch zu stützen.

Nach einigen Sitzungen sollte man in der Lage sein, die Karte mit dem eigenen geistigen Auge abzubilden. An diesem Punkt ist es sinnvoll, mit geschlossenen Augen zu meditieren, was die Konzentration erhöht und auch die Bilder in der Imagination lebhafter werden läßt.

Der nächste Schritt ist, das Bild so real wie möglich zu gestalten. Um das zu erreichen, wird die Gestalt oder Szene in helle und lebendige Farben gekleidet. Indem man sie imaginär mit Gewicht und Festigkeit ausstattet, schaut man nicht mehr auf das flache zweidimensionale Bild, sondern blickt durch die Kartenumrandung hindurch, wie durch ein Fenster oder einen Türrahmen und erblickt dahinter eine reale Szene.

Jetzt kann man sich selbst in die Szene hineinversetzen. Man steigt in der Imagination über die Schwelle der Karte, so wie durch eine offene Tür und steht nun in der Welt der dargestellten Personen.

Wenn man soweit gediehen ist – und es wird wahrscheinlich einiger Sitzungen konzentrierter Meditation bedürfen, bevor man eine Szene auf diese Art »beleben« kann – sollte man sich entspannen und sehen, was passiert. Bei den ersten Versuchen wird vielleicht nichts geschehen. Aber allmählich stellen sich neue Ideen zur Bedeutung der imaginären Bilder ein.

Man sollte sich die Darsteller so intensiv wie möglich vorstellen: die Brise sehen, welche ihre Kleider im Freien bewegt, ihr Temperament aus der Art ihrer Gestik und Bewegung erkennen, den Duft des Grases, des Waldes oder der dürren Wüste wahrnehmen, das Geräusch von fließendem Wasser oder sich bewegender Füße hören.

Nach Beendigung der Meditation sollten Einzelheiten

der gemachten Erfahrungen notiert oder auf Band aufgenommen werden, selbst wenn scheinbar nichts Wichtiges passiert ist. Dies sollte man sich nach jeder beendeten Meditation angewöhnen, weil man durch die Aufzeichnung ein Bild der angebotenen Motive erstellen kann. Symbole, die aus den Tiefen des Unbewußten durch das Tor der Tarotbilder aufgestiegen sind, müssen interpretiert werden. Dazu ist es notwendig, sie über einen gewissen Zeitraum zu studieren und im größtmöglichen Zusammenhang zu sehen.

Gesehene Bilder können als Gedächtnisstütze oder zur weiteren Erforschung gezeichnet, gemalt oder modelliert werden. Verbale Beschreibungen sind häufig unpassend für die Darstellung der kraftvollen Symbole.

Es ist wichtig, nach Beendigung der Meditation zu einem richtigen Abschluß zu kommen. Die Mächte, die während des Visualisationsprozesses angerufen worden sind, *müssen vollständig entlassen werden*, bevor man zum alltäglichen Bewußtsein zurückkehrt.

Wenn man sich einfach aufsetzt und die Augen öffnet, können sie weiter verweilen und die normale Konzentration beeinträchtigen. Um derartige psychische Verluste zu verhindern, ist die Meditation so zu beenden, wie sie begonnen wurde, nur in umgekehrter Reihenfolge.

Man beginnt, sich aus der visualisierten Szene zurückzuziehen, bis man sie wieder eingerahmt im Format der Karte sieht. Dann sollte die Bewegung angehalten und die hellen Farben und dreidimensionalen Formen zurückgenommen werden, bis die Szene wieder zur flachen leblosen Zeichnung wird. Wenn man dann in der Lage ist, nur noch die gedruckte Zeichnung auf einer Karte zu sehen, kann man die Augen öffnen und die Sitzung als beendet betrachten.

Wenn man dann sorgfältig Protokoll über die eigenen Fortschritte führt, über das, was man in Wochen und Monaten entdeckt, wird man einen überraschenden und wahrhaftigen Einblick gewinnen: in die Bedeutung der mystischen Suche und ihre Relevanz für die eigene Psyche – wer bin ich, wo stehe ich.

Ein solches Meditationsprogramm hat nicht nur eine stärkende, heilende Wirkung; sie kann im Lauf der Zeit zu dem hinführen, was die Mystiker »inneres Wissen« und »Begleitet werden vom Schutzengel« nannten, mit anderen Worten – zur lebendigen Gegenwart des inneren Selbst.

10. Zwei ergänzende Legearten

Legeart mit festen Positionen:
Die sieben Häuser

Diese Legeart hat sich in der Praxis hervorragend bewährt, da sie übersichtlich gegliedert ist und gute Interpretationsvoraussetzungen für die Karten bietet. Einundzwanzig Karten werden in Dreiergruppen sieben Häusern zugeordnet; jedes Haus hat eine Positionsbeschreibung, die eine Deutung der Karten insofern erleichtert, als ein Bereich vorgegeben wird, auf den die Bedeutung der einzelnen Karten zu beziehen ist.

Die Verteilung der Karten auf die sieben Häuser kann auf zwei Arten vorgenommen werden:

1. Nach dem Mischen teilt der Fragesteller die Karten in drei Päckchen, er hebt also zweimal ab. Der Deuter nimmt nun zuerst das liegengebliebene Päckchen und verteilt davon die ersten sieben Karten der Reihe nach auf die sieben Häuser. In gleicher Weise wird dann mit dem mittleren und dem zuerst abgehobenen Päckchen verfahren. Die Karten werden direkt mit der Bildseite nach oben ausgelegt.

2. Der Fragesteller zieht aus allen Karten verdeckt die einundzwanzig benötigten Karten heraus, die dann vom Deuter in der gleichen Reihenfolge von Position 1 bis 21 ausgelegt werden. Es ist jedoch zu berücksichtigen, daß vor Auslegen der Karten eine Signifikatorkarte (S), die

den Fragesteller in der Auslegung repräsentiert, aus den Karten genommen und in die Mitte der Legeart positioniert wird. Als Signifikatorkarte werden allgemein die Karte II – Die Hohepriesterin für eine weibliche Fragestellerin – und die Karte V – Der Hierophant für einen männlichen Fragesteller – verwendet, aber auch andere Karten sind zulässig.

Das Bild der Legeart:

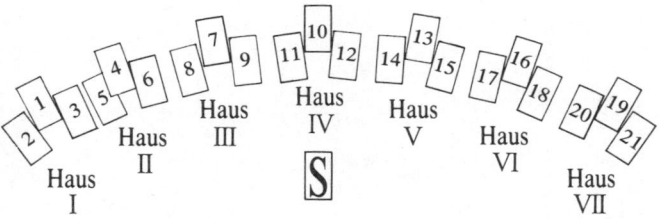

Die Positionsbeschreibungen

Haus I: Der geistige Zustand des Fragestellers; Einflüsse, die den Fragesteller gedanklich beschäftigen, bewußt oder unbewußt; Verdrängtes wird auch verdeutlicht.

Haus II: Das Umfeld des Fragestellers; seine Familie, Partner, Freunde etc.; bezieht sich meist auf die gegenwärtige Situation, als Ergebnis vergangener Einflüsse.

Haus III: Seine Wünsche, Hoffnungen oder auch gelegentlich Befürchtungen; Wunschvorstellungen des Fragestellers sind aber meist nicht identisch mit seinen angestrebten Zielen.

Haus IV: Die konkreten Erwartungen des Fragestellers, und zwar aufgrund der ihm mehr oder weniger bekannten Einflüsse und Umstände.

Haus V: Die unerwarteten Einflüsse; Vorgänge, die sich bislang der Kenntnis des Fragenden entziehen und ihn somit unvorbereitet treffen.

Haus VI: Die nächste Zukunft; Vorgänge und Einflüsse, die innerhalb der nächsten Tage oder Wochen zum Tragen kommen, abhängig von der Häufigkeit des Kartenlegens.

Haus VII: Längerfristige Einflüsse; sie zeigen nicht unbedingt ein Endergebnis an, sondern weisen eher auf wichtige Vorgänge innerhalb der nächsten Wochen und Monate, die aber auch darüber hinaus noch wirksam sein werden.

Legeart mit offenen Positionen (OT 9/D)

Bei dieser Legeart gibt es keine feste Positionsbeschreibung.

Der Ausgangspunkt für die Interpretation ist die Signifikatorkarte, die den Fragesteller in der Auslegung repräsentiert. Diese Karte bildet gewissermaßen den Nullpunkt eines Koordinatenkreuzes, von dem aus die Deutung des Kartenbildes vorgenommen wird. Für diese Legeart sind mindestens 36 Karten erforderlich, es können im Einzelfall auch mehr Karten erscheinen, denn der Fragesteller hebt nach gründlichem Mischen der Karten einmal ab, so daß ungefähr zwei gleichgroße Päckchen entstehen. Für die Auslegung wird das Päckchen benutzt, in dem die Signifikatorkarte enthalten ist. Der Deuter legt die Karten nach folgendem Legeplan aus, links oben beginnend:

Die gestrichelten Karten können je nach Abheben des Fragestellers erscheinen; sollten in dem verwendeten Päckchen weniger als 36 Karten enthalten sein, so werden

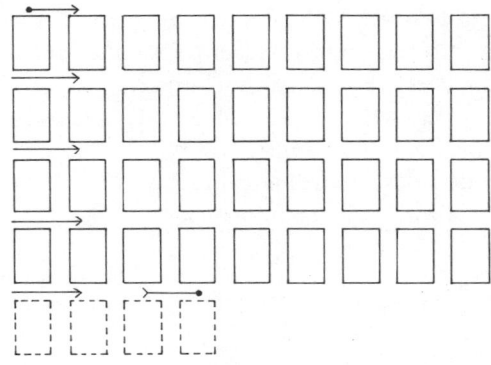

die fehlenden Karten aus dem verbleibenden Päckchen gezogen.

Zur Interpretation sind in erster Linie die zur Signifikatorkarte diagonal liegenden Karten von Bedeutung. Dabei sind auch die Karten wichtig, die auf den von den Kanten her reflektierenden Diagonalen liegen (siehe Beispiel unten).

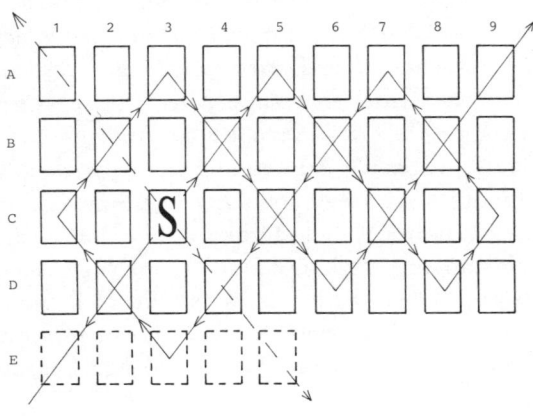

In diesem Beispiel ist die Reihe C aufgrund der Signifikatorkarte die sogenannte Gegenwartsreihe, auf der auch die nicht von Diagonalen geschnittenen Karten wichtig sind. In den Reihen A, B, D und E sind sie nur von untergeordneter Bedeutung.

Am Modell des Koordinatenkreuzes läßt sich die zeitliche Einordnung folgendermaßen darstellen:

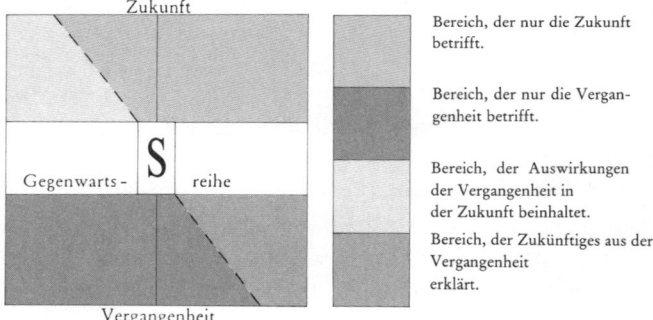

Zukunft

Gegenwarts- **S** reihe

Vergangenheit

Bereich, der nur die Zukunft betrifft.

Bereich, der nur die Vergangenheit betrifft.

Bereich, der Auswirkungen der Vergangenheit in der Zukunft beinhaltet.

Bereich, der Zukünftiges aus der Vergangenheit erklärt.

Die Interpretation wird nun entlang der Diagonalen vorgenommen. Dabei können zunächst zur Vereinfachung die nicht geschnittenen Karten umgedreht werden, um einen besseren Überblick zu erhalten. Diese Form der Interpretation stellt schon recht hohe Anforderungen an den Deuter, da er die Ausdeutung frei entwickeln muß, ohne durch Positionsbeschreibungen gestützt zu sein. Sie verlangt ein hohes Maß an Intuition und Konzentration, um eine sinnvolle Verknüpfung der einzelnen Aussagen zu erhalten. Dabei helfen teilweise die nicht von den Diagonalen geschnittenen Karten, da sie zusätzliche erklärende Aspekte zu den Karten auf den Diagonalen liefern.

Grundsätzlich sind noch diese Punkte zu beachten:

1. Sollte die Signifikatorkarte in der Reihe A oder Reihe B–E auf Pos. 7–9 erscheinen, so ist die Befragung nicht weiter durchzuführen, da sich zu viele Karten im Bereich der Vergangenheit befinden und nur die Aufarbeitung des bisherigen Weges erlauben.

2. Besonders sind auch die Positionen zu beachten, auf denen Diagonalen enden, denn sie weisen auf die anstehenden grundsätzlichen Entwicklungen für den Fragesteller: Pos. A 9 – gutes Vorankommen nach Überwinden der Schwierigkeiten; Pos. D oder E 9 – die Schwierigkeiten erstrecken sich über einen längeren Zeitraum, sind aber mit Ausdauer zu überwinden; Pos. D oder E 1 – diese Schwierigkeit ist bereits überstanden, wirkt aber noch nach; Pos. A 1 deutet auf eine Schwierigkeit, die erst noch auf den Fragesteller zukommt. Sollten alle Diagonalen wieder auf die Signifikatorkarte zurückführen, gewissermaßen einen geschlossenen Kreislauf bilden, ist eine erneute Befragung mit einer anderen Legeart empfehlenswert.

Anhang

Anmerkungen

1. vgl. Istoria della citta Viterbo, Rome 1743.
2. Siehe *De Moribus et Disziplina Humane Conservationis* von Bruder Johannes aus der Abtei zu Brefeld. Dieses Manuskript befindet sich im Britischen Museum (MS Eg.2419).
3. Zitiert nach *Researches into the History of Playing Cards* von Samuel Weller Singer, London 1816.
4. vgl. C.G. Jung, 1976.
5. Zitiert nach Jung, 1944, S. 176.
6. Jung, 1944, S. 82.
7. Schopenhauer: Parerga und Paralipomena, Kapitel 6.
8. Jung, 1944, S. 259.
9. Jung, 1944, S. 454.
10. Odins Runenerwerbung, Vers 1, S. 164 aus: *Die Edda*, Götterdichtung, Spruchweisheit und Heldengesänge der Germanen, Vollständige Ausgabe in der Übertragung von Felix Genzmer, Diederichs Verlag, Köln 1981.
11. Jung, 1944, S. 456.
12. Aus: *Traktat des Seligen Thomas von Aquino*, Die Aufsteigende Morgenröte; XII. Die siebte Parabel vom Gespräch des Liebenden mit der Geliebten. Zitiert nach Jung, 1955, S. 119 und S. 125.
13. Jung, 1944, S. 134.

14. Jung, 1944, S. 174.
15. Aus dem magischen Papyrus von Dieterich in einer mithraischen Liturgie veröffentlicht. Siehe: A. Dieterich, *A Mithraic Ritual*, London 1907.
16. Matt. 18, Vers III.
17. vgl. Jung 1944, S. 278.
18. Siehe P. Boiteau d'Ambly, *Les Cartes à Jouer et la Cartomancie* Paris 1854.
19. Dazu siehe Lévi, Bd. 2, Kap. 22, Basel 1975, S. 254.
20. Papus, Tarot der Zigeuner, S. 7.
21. Siehe dazu *Histoire de la Magie*, Kap. 4, S. 81, Paris 1860.
22. Anmerk. d. Übers.: Dieser Wechsel in der Numerierung ist von Crowley widerlegt worden. Siehe Crowley, 1981, S. 9 ff.
23. vgl.: Jung, 1976.

Literaturverzeichnis

Tarot – allgemein

Case, Paul Foster: *The Tarot*. A Key to the Wisdom of the Ages. New York 1929

Bauer, Erich: *Tarot – Quelle therapeutischer Wandlung*. München 1982

Crowley, Aleister: *The Book of Thoth*. London 1944. dt.: Das Buch Thoth – Ägyptischer Tarot. Waakirchen 1981

Etteilla (Alliette): *Collection sur les Hautes Sciences*. Paris 1780. 2 Bde.

Gébelin, Antoine Court de: *Jeu des Tarots...* In: Le Monde Primitif. Bd. 8. Paris 1781

Golowin, Sergius: *Die Welt des Tarot*. Basel 1975

Hager, Günter: *Kleine Tarot-Praxis*. CH-Neuhausen 1985

Haich, Elisabeth: *Tarot – Die 22 Bewußtseinsstufen des Menschen:* München 1971

Kaplan, Stuart R.: *Der Tarot – Geschichte, Deutung, Legesysteme*. München 1984
– *The Enzyclopedia of Tarot*. New York 1978

Kopp, Sheldon B.: *Kopfunter hängend sehe ich alles anders*. Düsseldorf/Köln 1982

Leuenberger, H. D.: *Schule des Tarot*. Bd. I–III. Freiburg i. Br. 1981/82/84

Lévi, Eliphas (Alphonse Louis Constant): *Transzendentale magie*. 2 Bde. Basel 1975

Lionel, Frederic: *Das Spiel der Spiele – Tarot*. Freiburg i. Br. 1982

Loyola, Ignatius: *Spiritual Exercises of St. Ignatius Loyola*. Übers. von Thomas Corbishley, S.J. London 1963

Marteau, Paul: *Le Tarot de Marseille*. Paris 1967

Mertz, B. A.: *Astrologie und Tarot*. Interlaken 1981

Nichols, Sallie: *Die Psychologie des Tarot*. Interlaken 1984

Papus (Gerard Encaussee): *Le Tarot des Bohémiens*. Paris 1891. Dt.: Der Tarot der Zigeuner. Interlaken 3. Auflage 1985

Ricci, Franco Maria: *Tarocchi*. Parma 1969

Sadhu, Mouni: *The Tarot: A contemporary course of the quintessence of hermetic occultism*, London 1962

Seabury, W. M.: The Tarot. London 1951

Steiner-Geringer, Mary: *Tarot als Selbsterfahrung*. Köln 1985

Waite, Arthur Edward: *The Pictorial Key to the Tarot*. London 1910. Dt.: Der Bilderschlüssel zum Tarot. Waakirchen 1978

Westcott, William Wynn: *The Magical Ritual of the Sanctum Regnun, interpreted by the Tarot trumps*. London 1896

Winckelmann, Joachim: *Der Tarot der Eingeweihten*. Berlin 1962 (verb. Aufl.)

Wirth, Oswald: *Le Tarot des Imagiers du Moyen Age*. Paris 1927

Psychologie und verwandte Gebiete

Assagiolo, Roberto: *Psychosynthesis: A Manual of Principles and Techniques*. New York 1965

Happich, Carl: *Anleitung zur Meditation*. 3. Aufl.: Darmstadt 1948

Jacobi, Jolande: *Die Psychologie von C.G. Jung. – Der Weg der Individuation*. Zürich 1965

Jung, Carl Gustav: *Aion – Untersuchungen zur Symbolgeschichte*. Zürich 1951

– *Psychologie und Alchemie.* Zürich 1944
– *Mysterium Coniunctionis.* Zürich 1955
– *Die Dynamik des Unbewußten.* Hrsg. v. Marianne Niehus-Jung, Lena Hurwitz-Eisner, Franz Kiklin u. a. 2. revid. Aufl.: 1976.
Jung, C. G. und Kerenyi, K.: *Einführung in das Wesen der Mythologie.* Zürich 1951 (rev. Aufl.)
Yates, Francis: *The Art of Memory.* London 1966

Mythologie, Religion und verwandte Gebiete

Bogdanow, Fanni: *The Romance of the Grail.* Manchester 1966
Brown, A. C. L.: *The Origin of the Grail Legend.* Cambridge (Mass.) o.J.
Burland, C. A.: *The Arts of the Alchemists.* London 1967
Cirlot, J. E.: *A Dictionary of Symbols.* London 1962
Die Edda. Übertragen von Felix Genzmer, Köln 1981
Dieterich, A.: *A Mithraic Ritual.* London 1967
Eliade, Mircea: *Schamanismus und archaische Ekstasetechnik.* Zürich 1954
– *Mythos der Ewigen Wiederkehr.* Düsseldorf 1953
Grant, R. M.: *Gnosticism and Early Christianity.* New York 1966 (neue Ausg.)
Guest, Lady Charlotte: *The Mabinogion.* London 1949
Jonas, H.: *The Gnostic Religion.* Boston, Mass. 1963
Joubaunville, Arbois de: *The Irish Mythological Cycle and Celtic Mythology.* London 1903
Knight, Gareth: *A Practical guide to Quabbalistic Symbolism.* Toddington 1965
Locke, F. W.: *The Quest of the Holy Grail.* Univers. of Calif. Press 1960

252

Loomis, Roger Sherman: *Arthurian Literature in the Middle Ages*. Oxford 1959
– *Celtic Myths and Arthurian Romance*. New York 1949
Madaule, J.: *The Albigensian Crusade*. London 1967
Martin, E. J.: *The Trial of the Templars*. London 1982
Obolensky, D.: *The Bogomils: A Study of Balkan Neo-Manichaeism*. Oxford 1948
Regardie, Israel: *A Garden of Pomegranates: an Outline of the Quabbalah*. London 1932
– *The Golden Dawn: An account of the Teachings, Rites and Ceremonies of the Order of the Golden Dawn*. Chicago 1937–40
Runciman, Steven: *The Medieval Manichee: A study of the Christian Dualist Heresy*. Cambridge 1947
Seligmann, Kurt: *Das Weltreich der Magie*. Stuttgart 1958
Simon, E.: *The Piebald Standard*. London 1959
Thorndyke, Lynn: *A History of Magic and Experimental Science*. New York 1923–58, 8 Bde.
Weston, Jessie L.: *The Quest of the Holy Grail*. London 1913
– *From Ritual to Romance*. New York 1957
Wildengren, G.: *Mani and Manichaeism*. London 1965
Wilson, R. M.: *The gnostic Problem*. London 1958
Zehner, R. C.: *The teachings of the Magi*. London 1959

Geschichte des Tarot und der Spielkarten

Dummett, Michael: *The Game of Tarot*. London 1980
Hoffmann, Detlev: *Die Welt der Spielkarte*. Leipzig 1972

Romane zum Tarot

Anthony, Piers: *Der Gott von Tarot.* Rastatt 1982
  – *Die Visionen von Tarot.* Rastatt 1982
  – *Die Hölle von Tarot.* Rastatt 1983
Üxkull, Woldemar von: *Eine Einweihung im alten Ägypten nach dem Buche Thoth.* Berlin 1922

Mary Steiner-Geringer

Tarot als Selbsterfahrung

*DG 55, 240 Seiten mit 22 Tarotbildern von Heiri Steiner
und vielen Diagrammen*

Erstmals wird hier in das gesamte esoterische Wissen um Tarot eingeführt
und Sinngehalt sowie Symbolik jeder Spielkarte von den unterschiedlichsten Ansätzen her erläutert. Die renommierte Schweizer Psychologin
erschließt uns die Konstellation der 22 Großen Arkana und zeigt in einer
praxisnahen, klaren Sprache, wie Tarotspielen zu einer Begegnung mit
sich selbst führen kann.

Der Sohar

Das heilige Buch der Kabbala

DG 35, 320 Seiten mit 12 Abbildungen und Frontispiz

Das „Buch des Glanzes" ist das Herzstück der jüdischen Mystik. In diesem Buch lernen wir die zehn Sefirot und das System des Weltenbaums
kennen, die zehn Doppelworte, die 72 Namen Jahwes, die Pfade des
Gerichts und der Liebe, die Stufung der Zeit.
„Wenn ich das Buch Sohar öffne, so schau ich die ganze Welt."

Baal-schem, Begründer des Chassidismus

Franz Carl Endres / Annemarie Schimmel

Das Mysterium der Zahl

Zahlensymbolik im Kulturvergleich

DG 52, 344 Seiten mit 101 Abbildungen und 8 Kunstdrucktafeln

„Das Buch eröffnet eine Welt, die in Bann schlägt, die nicht mehr losläßt.
Mayakalender und christliche Ornamentik, die jüdische Menora mit den
sieben Armen, Dreifaltigkeit und Yin und Yang, Jahreszyklen und
islamische Sphären: Die Zahl scheint nahezu der Urgrund allen Denkens
zu sein. Ein Buch tiefer Erkenntnisse, das Anregungen gibt in reicher
Fülle."

Buch Journal

Eugen Diederichs Verlag

Hajo Banzhaf

Das Tarot-Handbuch

260 Seiten, über 100 Abbildungen, gebunden

Ein übersichtliches und anschauliches Einstiegsbuch aufgrund seiner didaktischen Klarheit und zusammenfassenden Interpretation zu jeder Karte. Deutungsvorschläge und Interpretationsmöglichkeiten werden aus dem Themenkreis der jeweiligen Karte heraus erarbeitet und zusätzlich durch traditionelle Deutungen ergänzt.

Hajo Banzhaf

Das Arbeitsbuch zum Tarot

186 Seiten mit vielen Abbildungen, gebunden und als Set mit Rider-Waite-Deck

Dieses „Arbeitsbuch" macht beinahe mühelos mit dem Tarot-Orakel vertraut. Es gibt dem Fragenden neue Perspektiven, ob es sich um zwischenmenschliche Beziehungen, berufliche Schritte, finanzielle Entscheidungen oder Selbstfindungsprobleme handelt. Das neue Legesystem *Der Weg*, hier praktiziert und vorgeführt, erweist sich als faszinierender Schlüssel zur Orientierung im Alltag.

Mary Greer

Tarot Konstellationen

Persönlichkeits- und Wesenskarten

307 Seiten mit Abbildungen

In diesem Buch wird das Tarot-Deck nach neuen Kriterien geordnet: nach Konstellationen. Mit Hilfe der Numerologie findet man hier seine eigenen Tarot-Konstellationen mit den entsprechenden persönlichen Karten. Darüber hinaus gibt es durch Einbeziehung der aktuellen Jahreszahl auch eine Jahres- oder Wachstumskarte, womit das Buch einen immerwährenden aktuellen Bezug behält.

KAILASH